부동산 경매와 절세전략

PREFACE

부동산 경매에서 세금의 중요성

요즘도 가끔 볼링을 친다. 하지만 누군가 내게 볼링 실력이 어느 정도냐고 물으면 선뜻 대답을 하기 어렵다. 점수가 최고 210부터 최저 90까지 칠 때마다 들쭉날쭉하기 때문인데, 그 까닭은 기초가 튼튼하지 못해서다. 이와 마찬가지로, 부동산 경매에서도 기초가 매우 중요하다. 만사불여튼튼이라 했다. 처음 시작할 때 기초 지식을 잘 알아두면 실전에서 많은 시간과 노력을 아낄 수 있다.

부동산 경매를 시작한 지 벌써 10년이 훌쩍 넘었다. 경매를 업으로 삼은 이후 그동안 늘 아쉬운 것이 부동산 경매 관련 세금 지식이었다. 아무리 수익을 올릴 좋은 기회를 잡는다 해도 제대로 마무리하지 못하면 결국 손실이 나기 때문이다.
경매에서 손실 없이 수익을 내려면 반드시 세금에 대해 알고 있어야 한다. 내 경우 그때그때 필요한 세금 지식을 인터넷 검색에 의존하다 보니 경매 진행과정마다 꼭 알아야 할 세금 지식을 정리한 자료가 있으면 좋겠다는 생각을 했다. 부동산 경매에 참여해본 사람이면 누구나 나와 비슷한 생각을 하지 않았을까.

가족이나 가까운 지인 가운데 부동산 경매나 세금에 대한 전문가가 있지 않은 한 대부분 인터넷을 검색하거나 책을 찾고, 그래도 미흡하면 전문가를 찾아간다.
부동산이든 세금이든 전문가에게 묻는 것이 당연하지만, 사전에 기초 지식을 알아두면 상황에 맞춰 대처할 수 있고 세금도 줄일 수 있다. 상황이 종료된 뒤에는 아무리 전문가를 찾아가본들 확정된 결과를 바꿀 방법도 손실을 줄일 방법도 없고, 결국 상담

비용만 낭비할 뿐이다.

이 책에서는 부동산 경매의 시작부터 마무리까지 실무 과정에서 각 단계마다 알아야 할 세금 정보와 대처할 방법을 소개한다. 이 책을 열심히 반복해서 읽고 숙지한다면 누구든 부동산 경매의 전문가가 될 수 있을 것이다.

부동산 경매에 임하려면 우선 자금출처조사 등에 관한 지식과 증여세에 대해 알아야 한다. 또한 낙찰받고 나서 소유권 이전 시 취득세·보유세, 처분할 때 양도소득세 등이 경매 진행 과정에서 알아두어야 할 지식이다.
세금 고지서가 나오기 전에 세금을 줄이고자 노력하는 것은 절세가 되지만, 고지서가 나온 뒤 줄이려고 하는 것은 탈세가 된다. 모든 상황이 마무리된 다음 세금 걱정을 하면 이미 때는 늦다. 사전에 절세 계획을 세우고 그 계획이 이루어질 수 있도록 노력해야 한다.

뜻한 대로 안 되는 것이 인생이라며 미리 포기하지 말고, 일단 시도하고 노력하자.
You only live once(인생은 한 번뿐이다)!

2018년 2월, 이동현

CONTENTS

Preface   부동산 경매에서 세금의 중요성   004

PART 1   기초가 튼튼해야 만사가 튼튼하다

▶ Chapter 1   부동산 경매물건 찾기

Section 1   부동산 경매물건을 찾기 전에 알아야 할 기본 용어   020
    1. 건축물의 종류   020
    2. 토지의 지목과 토지 용어   022

Section 2   부동산 관련 서류 보는 법   025
    1. 등기사항전부증명서(구 등기부등본)   025
    2. 토지대장   032
    3. 건축물관리대장   033
    4. 토지이용계획확인원   034

Section 3   부동산 경매 참여 목적과 자금 능력 체크   035
    1. 목적   035
    2. 지역   035
    3. 동원할 자금 규모   035

Section 4   부동산 경매물건 검색   037
    1. 대법원 경매정보 사이트   037
    2. 경매 사이트의 물건을 검색하는 순서   039

▶ Chapter 2   시간과 돈을 절약하는 정확한 권리분석 방법   044

Section 1   권리분석에 등장하는 각종 권리   044
    1. (근)저당권(물권)   044

2. 압류와 가압류　045
3. 가처분　046
4. 가등기　047
5. 유치권　048
6. 법정지상권　049
7. 지상권　053
8. 분묘기지권　054
9. 각종 권리 요약　056

Section 2　권리분석 순서　057

Section 3　말소기준권리　057
1. 말소기준권리가 될 수 있는 권리　058
2. 말소기준권리 요약 정리　058

Section 4　소제(멸)주의 원칙　059
Section 5　인수주의 원칙　060
Section 6　대위변제　061

Section 7　제시외물건　063
1. 제시외건물이 경매대상에 포함되어 매수인의 소유가 되는 경우　063
2. 제시외물건은 현장 조사 시 필수적 체크 사항　063
3. 제시외물건의 해결방법　064

Section 8　'토지별도 등기 있음'　068
1. 집합건물　069
2. 토지별도등기는 말소되지만
　　대항력 임차인의 보증금을 인수하는 경우　069

Section 9　　　대지권 미등기　　072
　　　　　　　1. 대지사용권　　072
　　　　　　　2. 대지권 성립요건　　073
　　　　　　　3. 대지권미등기 사유 중 문제없는 경우　　073
　　　　　　　4. 대지권 없음　　073

Section 10　　잉여주의　　074

▶ Chapter 3　누구나 알고 있어야 할 임차권의 세계　　075
　　　　　　　1. 주택임대차보호법　　075
　　　　　　　2. 전세권　　084
　　　　　　　3. 상가임대차보호법　　084

▶ Chapter 4　부동산 경매의 성패를 가르는 물건별 현장 조사(임장)　　088
Section 1　　　아파트　　088
　　　　　　　1. 전입세대 열람　　088
　　　　　　　2. 현장 조사　　089
　　　　　　　3. 중개업소 방문 시 대처 요령　　090
　　　　　　　4. 미납 관리비 등 확인　　090

Section 2　　　빌라　　091
　　　　　　　1. 입지분석　　091
　　　　　　　2. 임대수익 파악　　092
　　　　　　　3. 주변 상권 및 교통 여건 분석　　092
　　　　　　　4. 건물 노후 체크　　092
　　　　　　　5. 빌라 가격　　093

Section 3　　　상가, 근린주택　　093
　　　　　　　1. 대상물건의 입찰여부　　093
　　　　　　　2. 돈 되는 경매 상가를 낙찰받기 위한 자세　　094

Section 4   **공장**   095
    1. 기계류의 정확한 가치 판단   096
    2. 업종   096
    3. 건물 이용 시 접근성   097
    4. 층고 및 출입문   097
    5. 동력 파악   097
    6. 폐기물 문제   098
    7. 유치권 등 확인   098
    8. 요금 연체   098
    9. 민원 여부   098
    10. 개보수 비용   099
    11. 체불임금 확인   099

Section 5   **땅**   099
    1. 사전 준비를 철저히 해야 한다   099
    2. 새벽에 떠난다   100
    3. 묻고 되묻고 확인해야 한다   100
    4. 용도변경 가능 여부를 확인한다   100
    5. 현황도로를 개설하는 데 문제가 없는지 확인한다   101
    6. 주위토지통행권   101
    7. 지적도를 들여다보는 비법   102
    8. 용도지역별 건폐율 및 용적률   103

Section 6   **농어촌주택 등**   104
    1. 다음 각 목의 요건을 모두 갖춘 주택   105
    2. 농가주택 구입 시 장점   106
    3. 농가주택 구입 시 단점   107
    4. 농가주택 구입 시 주의할 점   107

Section 7　다가구주택(원룸)　112
　　1. 다가구주택과 다세대주택　112
　　2. 검토할 내용　112

Chapter 5　전원주택　114

Chapter 6　각종 허가절차, 반드시 입찰 전에 전문가에게 문의하라　118
　　1. 개발행위허가　118
　　2. 농지전용허가　120
　　3. 산지전용허가　121
　　4. 도로점용허가　123
　　5. 사도개설허가　124
　　6. 허가 등의 승계　125

PART 2　배웠으면 저질러 보자

Chapter 7　자금출처조사　128
　　1. 자금출처조사에 대비　128
　　2. 자금출처조사 대상　128
　　3. 자금출처조사를 받을 가능성　129
　　4. 재산취득자의 증여재산가액　129
　　5. 자금출처조사대상(10년간 합산)　129
　　6. 자금출처조사 대상 출처 입증 방법　130
　　7. 재산취득자금 및 채무상환자금의 증여로 추정하는
　　　금액의 계산　130

8. 자금출처 입증 사례　131
9. 자금출처 소명 기준　132
10. 증여재산 공제　132
11. 상속세 및 증여세율　132
12. 가족 간 금융거래　133
13. 대처 방법　133

▶ Chapter 8　입찰　134

Section 1　입찰가 결정　134
1. 입찰가 결정에 필요한 자료　134
2. 입찰가 결정시 유의할 사항　136
3. 수익률 분석 시 필요한 것　137

Section 2　법원별 저감율 확인　137

Section 3　경매 입찰 절차　139
1. 매각기일에 출석　139
2. 입찰 개시　140
3. 입찰표 작성　140
4. 입찰보증금 봉투 및 입찰 봉투의 작성과 투입　146
5. 기일입찰표에 흠이 있을 때 처리 기준　148
6. 입찰의 종결　150
7. 매수신청보증의 반환　152

Section 4　공유자의 우선매수　152
1. 취지 및 시한　153
2. 공유자 우선매수신청을 할 수 없는 경우　153
3. 공유자 우선매수신청 방법　154

Section 5   농지취득자격증명   154
       1. 적격 농민에게만 농지의 매입을 허용   154
       2. 입찰 전에 발급 여부를 문의   155
       3. 감정평가서와 현황조사서를 대조 확인   155
       4. 농지취득자격증명 신청서   155
       5. 농지취득자격 증명 없이 취득 가능한 농지   156
       6. 형질변경된 농지를 취득하는 방법   156

Section 6   경매기록의 열람과 복사   159

Section 7   매각허가 및 대금납부   161
       1. 매각허가 여부 선고   161
       2. 경매는 그 제도의 특성상
          물건 자체에 숱한 함정을 내포하고 있다   161
       3. 매각불허가결정이 나는 사례 6가지   162
       4. 매각불허가신청   163
       5. 매각허가결정취소   166

Section 8   사건 사고   169
       1. 권리분석의 잘못   169
       2. 계산 착오   169
       3. 입찰표 작성 실수   169
       4. 실제 경매 실패 사례   170

Section 9   대금납부   178
       1. 상계신청   179
       2. 대금미납시 차순위 입찰신고인에게 낙찰   181
       3. 대금미납의 사유   182

Chapter 9　소유권 이전　183
- Section 1　소유권등기 촉탁 순서　183
- Section 2　행정동과 법정동(고려)　191

Chapter 10　취득세　196
1. 납세 의무자　196
2. 납세지　196
3. 과세표준　196
4. 신고기한　197
5. 부당 신고 시 처벌　197
6. 2018년 현재 부동산 취득세율　199
7. 취득세 중과세　202
8. 등록세 중과세　203
9. 중과세 과밀억제권역 내에서 법인 부동산 취득 시 세율 비교　204
10. 공동명의 시의 절세　204
11. 취득의 시기　205

Chapter 11　배당과 조세우선권　206
1. 배당　206
2. 배당의 당사자　207
3. 배당 원칙 및 순위　209
4. 조세 우선권　212
5. 해당 재산에 대하여 부과된 조세(당해세) 우선 원칙　214
6. 조세 상호 간의 우선관계　215
7. 조세채권과 피담보채권 등의 우선관계　215

Chapter 12　명도　217
- Section 1　명도의 왕도　217
  1. 명도의 기본 자세　217

  2. 부동산 경매 점유자 유의사항 220
  3. 명도 시 매수인 주의사항 223
  4. 위장 임차인 225
  5. 점유이전금지 가처분 227

Section 2 부동산 인도명령 229
  1. 인도명령을 신청할 수 있는 자 229
  2. 인도명령의 상대방 229
  3. 인도명령의 인용 230
  4. 인도명령의 신청 230
  5. 인도명령의 재판 230
  6. 부동산 점유이전금지 가처분 232
  7. 기록상 드러나지 않는 점유자를 상대방으로 하는 경우 232

Section 3 연체 공과금 처리 233
  1. 도시가스 233
  2. 전기요금 233
  3. 수도요금 234
  4. 관리비 234
  5. 이행강제금 235
  6. 미납 안내전화 236

Section 4 강제집행 절차 237
  1. 점유자와 이사 합의가 되지 않으면 강제집행 237
  2. 집행 방법 238
  3. 집행신청비용 반환 239
  4. 강제집행비용 239
  5. 입찰가격 산정 240

PART 3 마무리를 잘하자

Chapter 13 양도소득세
-부동산 경매의 마무리는 세금이다   246
1. 양도소득세 관련 주의할 점   246
2. 다운계약서   249
3. 2018년 개정 양도소득세율   255
4. 업계약서   256
5. 허위 계약서에 대한 결론   257
6. 양도소득세 비과세   257
7. 취득 시기와 양도 시기   259
8. 양도소득세 필요경비   259
9. 양도차손의 통산   264
10. 1세대 1주택에 해당하는 고가주택의 양도차익   265
11. 부담부증여   266
12. 부동산 보유세   266

Chapter 14 부동산 매매업과 임대업   268
Section 1 부동산 매매업   268
Section 2 부동산 임대업   271

Chapter 15 기타   278
Section 1 경매용어   278
1. 기본 용어   278
2. 가등기   278
3. 가압류   279
4. 가처분   279
5. 각하 / 기각   280

6. 감정평가액　280

7. 강제집행　280

8. 경매개시결정　281

9. 경매입찰방해죄　281

10. 공시송달　282

11. 교부청구　282

12. 근저당권　282

13. 대금납부　282

14. 대위변제　283

15. 매각허가결정에 대한 즉시항고　283

16. 물권과 채권　284

17. 배당이익　284

18. 변경　285

19. 상계　285

20. 소유권이전등기 촉탁　286

21. 압류　286

22. 우선매수권　286

23. 유찰　287

24. 이해관계인　287

25. 잉여주의　287

26. 재경매　288

27. 정지　288

28. 즉시항고　288

29. 집행권원　288

30. 차순위매수신고인　289

31. 최고　289

32. 최저매각가격　290

33. 취하　290

34. 항고보증금　291

Section 2 부동산 관련 유용한 사이트   291

Section 3 풍수(風水)   293
    1. 아파트 풍수   293
    2. 길(吉)한 전원택지   294
    3. 흉(凶)한 택지   295
    4. 풍수에 좋은 실내 인테리어   296
    5. 건물 풍수   301

부록 2018년 부동산 경매 관련 개정 세법   302

뿌리 깊은 나무는 바람에 흔들리지 않아
꽃이 좋고 열매가 많으며

샘이 깊은 물은 가뭄에 마르지 않아
내가 되어 바다에 간다.

기초를 튼튼히 하고 꾸준히 노력한다면
좋은 결실을 맺을 것이다.

PART **1**

기초가 튼튼해야
만사가 튼튼하다

chapter 1
부동산 경매물건 찾기

section 1

부동산 경매물건을 찾기 전에
알아야 할 기본 용어

'만사불여튼튼(萬事不如-)'이란 말이 있다. 무엇이든 기초를 튼튼히 하고 사전 준비를 철저히 하면 얻고자 하는 것을 얻을 수 있을 것이다.
마찬가지로 기초 지식도 갖추지 않고 부동산 경매에서 돈을 벌기 원한다면 무기도 가지지 않고 전쟁터에 나가는 것과 같다.
다음은 부동산 경매를 시작할 때 먼저 알아야 할 기초 지식들이다.

1. 건축물의 종류
1) **단독주택** : 한 가구가 독립하여 살 수 있는 구조의 주택
   (1) 단독주택 : 하나의 주택 안에 하나의 세대가 생활할 수 있는 구조로 된 주택
   (2) 다중주택

① 여러 사람이 장기간 거주할 수 있는 구조로 되어 있고
　　② 독립된 주거의 형태를 갖추지 아니한 것(욕실은 가능, 취사시설은 미설치)
　　③ 1개 동의 주택으로 쓰이는 바닥면적의 합계가 330m² 이하, 주택으로 쓰는 층수(지하층 제외)가 3개 층 이하
　(3) 다가구주택
　　① 1개 동의 주택으로 쓰이는 바닥면적의 합계가 660m² 이하 주택으로 쓰는 층수(지하층은 제외한다)가 3개 층 이하
　　② 19세대 이하

2) 공동주택(집합건물)
　(1) 아파트 : 주택으로 쓰는 층수가 5개 층 이상인 주택
　(2) 연립주택 : 주택으로 쓰는 1개 동의 바닥면적 합계가 660m² 초과, 4개 층 이하
　(3) 다세대주택 : 주택으로 쓰는 1개 동의 바닥면적 합계가 660m² 이하, 4개 층 이하

3) 근린주택 : 주거공간과 상업공간(사무실, 상가 등)이 복합적인 형태로 구성 **예** 1층 상가, 2, 3층 사무실, 4층 주거용 주택으로 구성

4) 근린상가 : 근린상업지역 내의 상가

5) 노유자시설
　(1) 아동 관련 시설(어린이집, 아동복지시설 등)
　(2) 노인복지시설(경로당 등)

6) 공장과 창고시설

7) 위험물 저장 및 처리 시설 : 주유소 및 석유판매소

8) 자동차 관련 시설 : 주차장, 정비공장

2. 토지의 지목과 토지 용어

1) 지목 : 토지의 사용 목적에 따른 분류

  (1) 건물 부속 토지

    ① 대지 : 주거·사무실·점포 및 부속시설물의 부지 또는 택지조성공사가 된 토지

    ② 공장용지 : 공장시설물의 부지 또는 공장부지조성공사가 된 토지

    ③ 학교용지 : 학교의 교사와 이에 접속된 체육장 등 부속시설물의 부지

    ④ 창고용지 : 보관시설물의 부지와 이에 접속된 부속시설물의 부지

    ⑤ 종교용지 : 교회·사찰·향교 등 건축물의 부지와 이에 접속된 부속시설물의 부지

  (2) 농지

    ① 전 : 물을 상시 사용하지 않고 곡물, 원예작물 등의 식물을 주로 재배하는 토지

    ② 답 : 물을 상시 이용하여 미곡, 연, 미나리 등의 식물을 주로 재배하는 토지

    ③ 과수원 : 과수류를 집단적으로 재배하는 토지와 이에 접속된 저장고 등 부속시설물의 부지

    ④ 목장용지 : 축산업 및 낙농업을 하기 위해 초지를 조성한 토지

(3) 기타

① 임야 : 산림 원야(原野)를 이루고 있는 수림지, 죽림지, 암석지, 자갈땅, 모래땅, 습지, 황무지 등의 토지

② 하천 : 자연의 유수가 있거나 있을 것으로 예상되는 토지

③ 구거 : 용수 또는 배수를 위해 일정한 형태를 갖춘 인공적인 수로, 둑 및 그 부속시설물의 부지와 자연의 유수가 있거나 있는 것으로 예상되는 수로부지

④ 유지 : 일정 지역 내에 물이 고이거나 상시적으로 물을 저장하고 있는 댐, 소류지(늪지대), 호수, 저수지, 연못 등의 토지

⑤ 도로

⑥ 묘지

⑦ 잡종지

ㄱ. 갈대밭, 실외에 물건을 쌓아두는 곳, 돌을 캐내는 곳, 흙을 파내는 곳, 야외시장, 비행장, 공동우물

ㄴ. 영구적 건축물 중 변전소, 송신소, 수신소, 송유시설, 도축장, 자동차운전학원, 쓰레기 및 오물처리장 등의 부지

ㄷ. 다른 지목에 속하지 않는 토지

2) 토지 용어

(1) 선하지(線下地) : 고압선 아래의 토지

(2) 맹지(盲地) : 도로와 접하지 않은 토지

(3) 포락지(浦落地) : 지적공부에 등록된 토지로서 해수 등에 침식된 토지를 말하며, 지반이 절토되어 활용이 어려운 토지

(4) 필지(筆地) : 지적법상의 단위로, 하나의 지번이 붙는 토지의 등

록단위, 법률상의 단위 개념
(5) 획지(劃地) : 이용을 상정하여 구획되는 경제적, 부동산학적인 단위개념

도로의 종류

접면도로	표기 방법	내용
광대로 한 면	광대한면	폭 25m 이상의 도로에 한 면이 접하고 있는 토지
광대로-광대로 광대로-중로 광대로-소로	광대소각	광대로에 한 면이 접하고 소로(폭 8m 이상 12m 미만) 이상의 도로에 한 면 이상이 접하고 있는 토지
광대로-세로(가)	광대세각	광대로에 한 면이 접하면서 자동차 통행이 가능한 세로(폭 8m 미만)에 한 면 이상 접하고 있는 토지
중로 한 면	중로한면	폭 12m 이상 25m 미만 도로에 한 면이 접하고 있는 토지
중로-중로 중로-소로 중로-세로	중로각지	중로에 한 면이 접하면서 중로, 소로 자동차 통행이 가능한 세로(가)에 한 면 이상이 접하고 있는 토지
소로 한 면	소로한면	폭 8m 이상 12m 미만 도로에 한 면이 접하고 있는 토지
소로-소로 소로-세로	소로각지	소로에 두 면 이상이 접하거나, 소로에 한 면이 접하면서 자동차 통행이 가능한 세로(가)에 한 면 이상 접하고 있는 토지
세로 한 면(가)	세로(가)	자동차 통행이 가능한 폭 8m 미만의 도로에 한 면이 접하고 있는 토지
세로(가)-세로(가)	세각(가)	자동차 통행이 가능한 세로에 두 면 이상 접하고 있는 토지
세로 한 면(불)	세로(불)	자동차 통행이 불가능하나 리어카나 경운기의 통행이 가능한 세로에 한 면이 접하고 있는 토지
세로(불)-세로(불)	세각(불)	자동차 통행이 불가능하나 리어카나 경운기의 통행이 가능한 세로에 두 면 이상 접하고 있는 토지
맹지	맹지	리어카나 경운기의 통행이 불가능한 토지

section 2

부동산 관련 서류 보는 법

1. 등기사항전부증명서(구 등기부등본)

- 부동산에 관련된 문서 중 가장 기본이 되는 것으로, 등기부등본을 통하여 부동산의 권리관계를 파악할 수 있다.
- 등기부등본은 등기소에 직접 갈 수도 있지만 대법원 인터넷 등기소에 접속하여 발급받을 수 있으며, 수수료는 발급 1,000원, 열람 700원이다.
- 통상적으로 부동산 거래 시 일반적으로 평수 개념으로 접근하는데 반해 등기부등본상에는 제곱미터(m^2) 형태로 표기되어 있다.

> 제곱미터(m^2) = 평수 × 3.3058 / 평수 = 제곱미터(m^2) × 0.3025

1) 등기부등본 원칙

(1) 1부동산 1등기부 용지의 원칙 : 1필의 토지 또는 1동의 건물에 대하여 1등기 용지를 사용하는 것을 말한다.
(2) 구분건물(집합건물)은 토지와 건물을 합하여 1개의 등기부를 작성한다. 예 공동주택, 오피스텔, 구분상가 등

2) 등기부의 구성

등기부등본은 표제부, 갑구, 을구로 나누어져 있다.

3) 표제부

토지의 경우에는 지번, 지목, 지적, 건물의 경우에는 지번, 구조, 용도, 면적 등을 기재하며, 아파트, 오피스텔, 다세대빌라 등 집합건물의 경우에는 전체 건물에 대한 표제부와 구분된 개개의 건물에 대한 표제부가 따로 있다.

(1) 토지표제부

등기사항전부증명서(말소사항 포함) - 토지

[토지] 경기도 성남시 분당구 구미동 268-2   고유번호 1356-1996-019160

【 표　　제　　부 】		(토지의 표시)			
표시번호	접　수	소 재 지 번	지 목	면 적	등기원인 및 기타사항
1 (전 1)	1996년3월11일	경기도 성남시 분당구 구미동 268-2	대	426.6㎡	
					부동산등기법 제177조의 6 제1항의 규정에 의하여 2000년 12월 14일 전산이기

① 표시번호 : 등기한 순서를 숫자로 표시

② 접수 : 등기신청서를 접수한 날짜를 표시

③ 소재지번 : 토지가 위치하고 있는 토지의 소재지를 표시

④ 지목 : 토지의 사용 목적을 표시

⑤ 면적 : 토지의 전체면적을 표시

⑥ 등기원인 및 기타 사항 : 표제부에 관한 등기원인 및 행정구역 명칭 및 지번 변경 등의 사항을 표시

(2) 건물표제부

등기사항전부증명서(말소사항 포함) - 건물

[건물] 경기도 성남시 분당구 구미동 268-2   고유번호 1356-2002-004284

【 표 제 부 】			(건물의 표시)	
표시번호	접 수	소재지번 및 건물번호	건물 내역	등기원인 및 기타사항
1	2002년10월18일	경기도 성남시 분당구 구미동 268-2	철근콘크리트조 및 경사지붕2층 단독주택 1층 156.07㎡ 2층 90.77㎡ 지1층 129.7㎡	
2	2005년6월16일	경기도 성남시 분당구 구미동 268-2	철근콘크리트조 및 경사지붕 2층주택 1층 156.07㎡ 2층 90.77㎡ 지1층 129.77㎡	착오발견
3		경기도 성남시 분당구 구미동 268-2 [도로명주소] 경기도 성남시 분당구 구미로192번길 25-6	철근콘크리트조 및 경사지붕 2층주택 1층 156.07㎡ 2층 90.77㎡ 지1층 129.77㎡	도로명주소 2012년8월3일 등기

① 표시번호 : 등기한 순서를 숫자로 표시

② 접수 : 등기신청서를 접수한 날짜를 표시

③ 소재지번 및 건물번호 : 건물이 위치하고 있는 소재지 및 건물번호를 표시

④ 건물내역 : 구조, 지붕, 층수, 용도, 면적 순으로 표시

⑤ 등기원인 및 기타 사항 : 표제부에 관한 등기원인 및 행정구역 명칭 및 지번 변경 등의 사항을 표시

(3) 집합건물 표제부

【 표 제 부 】		(전유부분의 건물의 표시)	
표시번호	접 수	건물번호	건물 내역	등기원인 및 기타사항
1	2003년10월2일	제16층 제1600호	철근콘크리트구조 154.21㎡	도면편철장 1책 1122장
(대지권의 표시)				
표시번호	대지권종류		대지권비율	등기원인 및 기타사항
1	1, 2, 3 소유권대지권		1745분의 21.543	2003년8월20일 대지권 2003년10월2일

① 표시번호 : 등기한 순서를 숫자로 표시

② 접수 : 등기신청서를 접수한 날짜를 표시
③ 소재지번 및 건물번호 : 건물이 위치하고 있는 소재지 및 건물번호를 표시
④ 건물내역 : 구조, 지붕, 층수, 용도, 면적(전유 부분) 순으로 표시
⑤ 등기원인 및 기타 사항 : 표제부에 관한 등기원인 및 행정구역 명칭 및 지번 변경 등의 사항을 표시
대지권의 목적인 토지의 표시에 대한 표제부 : 집합건물이 속한 토지
⑥ 소재지번 : 건물이 위치하고 있는 토지의 지번을 표시
⑦ 지목 : 토지의 사용 목적
⑧ 면적 : 토지의 전체면적을 표시
⑨ 등기원인 및 기타 사항 : 표제부에 관한 등기원인 및 행정구역 명칭 및 지번 변경 등의 사항을 표시
⑩ 건물번호 : 해당 건물에 대한 층 및 호수를 표시
⑪ 건물내역 : 구조, 지붕, 층수, 용도, 면적 순으로 표시
대지권의 표시 : 집합건물이 속한 대지 중 해당 전유세대의 지분에 해당하는 토지에 대한 표시
⑫ 대지권 종류 : 대지권의 대상이 되는 권리를 표시. 소유권, 지상권, 임차권 등
⑬ 대지권 비율 : 1동 건물이 속한 전체 토지 중 해당 전유 부분이 차지하는 지분비율을 표시

4) 갑구

【 갑 구 】			(소유권에 관한 사항)	
순위번호	등 기 목 적	접 수	등 기 원 인	권 리 자 및 기 타 사 항
1	소유권보존	2003년10월2일 제100414호		소유자 주식회사포스코건설 174611-0002979 포항시 남구 괴동동 568-1
2	소유권이전	2003년11월21일 제121713호	2000년11월22일 매매	소유자 이○희 640808-******* 서울 강남구 청담동 60 삼성청담공원아파트 101-603
2-1	2번등기명의인표시변경	2008년11월12일 제75554호	2006년1월2일 전거	이○희의 주소 서울특별시 강남구 삼성동 146 삼성동포스코타워 1602호
3	소유권이전	2014년2월28일 제51884호	2013년12월19일 매매	소유자 미합중국인 김앞버트해리 630402-******* 서울특별시 서초구 서초중앙로 15, 싸동2302호(서초동,현대슈퍼빌) 거래가액 금1,390,000,000원
3-1	3번등기명의인표시변경	2015년4월24일 제115043호	2015년1월30일 거소지변경	김앞버트해리의 주소 경기도 용인시 기흥구 구성2로 52, 106동 1203호 (청덕동, 휴면시아물푸레마을1단지아파트)
4	가압류	2017년3월2일 제38811호	2017년3월2일 서울중앙지방법원의 가압류 결정(2017카단260)	청구금액 금500,000,000 원 채권자 김○경 821222-******* 서울 강북구 삼양로123길 46-12, 501호(수유동, 성우스타캐슬)
5	임의경매개시결정	2017년4월12일 제64911호	2017년4월12일 서울중앙지방법원의 임의경매개시결정(2017 타경4110)	채권자 주식회사 오에스비저축은행 110111-0127161 서울 서초구 서초중앙로 203 (반포동) (여신관리팀)

(1) 소유권 보존, 소유권 이전, 가등기, 가압류, 가처분 등에 관한 사항이 갑구에 기재되어 있으며, 부동산의 소유권에 관한 사항을 알 수 있다.

(2) 직선 혹은 가위표 모양으로 선이 그어져 있는 것은 말소되었다는 것을 뜻한다.

(3) 기재는 아라비아 숫자로 '1', '2' 등으로 표시
'1-1' '2-1'라고 기재된 경우는 순위번호 1번 또는 2번의 기재사항에 어떤 변화가 있는 경우에 새로이 변경된 내용을 기재하면서 1번 또는 2번의 기재사항과의 연관성을 나타내주기 위한 것이다.

(4) 2006. 01. 01. 이후 작성된 매매계약서를 등기원인증서로 하여 소유권이전등기를 신청하는 경우에는 거래가액이 적혀 있으므로 물건분석 시 참고한다.

① 순위번호 : 등기한 순서를 숫자로 표시

② 등기목적 : 등기의 내용 내지 종류를 표시

③ 접수 : 등기신청서를 접수한 날짜와 접수하면서 부여한 접수번호를 표시

④ 등기원인 : 등기의 원인 및 원인일자를 표시

⑤ 권리자 및 기타 사항 : 부동산의 권리자 및 기타 권리사항을 표시

5) 을구

【 을 구 】			(소유권 이외의 권리에 관한 사항)	
순위번호	등 기 목 적	접 수	등 기 원 인	권 리 자 및 기 타 사 항
1	근저당권설정	2006년11월12일 제75555호	2006년11월12일 설정계약	채권최고액 금1,060,000,000원 채무자 주식회사 광덕기술단 서울특별시 중로구 부암동 206-18 1층 근저당권자 중소기업은행 110135-0000903 서울특별시 중구 을지로2가 50 (논현역지점)
2	근저당권설정	2014년2월28일 제51869호	2014년2월28일 설정계약	채권최고액 금765,600,000원 채무자 감알바트헤라 서울특별시 서초구 서초중앙로 15, 바동 2302호(서초동, 현대슈퍼빌) 근저당권자 주식회사국민은행 110111-2365321 서울특별시 중구 남대문로 84(을지로2가) (고촌지점)
3	1번근저당권설정등기말소	2014년2월28일 제51892호	2014년2월28일 해지	
4	근저당권설정	2014년4월22일 제91806호	2014년4월22일 설정계약	채권최고액 금780,000,000원 채무자 미합중국인감알바트헤리 서울특별시 서초구 서초중앙로 15, 바동2302호(서초동, 현대슈퍼빌) 근저당권자 주식회사안성저축은행 130111-0003070 위천광역시 남구 정인로 339(주안동)
5	2번근저당권설정등기말소	2014년4월22일 제92237호	2014년4월22일 해지	

(1) 을구에는 근저당권, 저당권, 전세권, 지역권, 지상권 등 소유권 이외의 권리에 관한 사항들이 기재된다.

(2) 사선 혹은 가위표로 선을 그은 것은 말소된 것이다.

(3) 등기부등본은 상단 혹은 하단에 ○-○ 형태로 전체 페이지 수 중 몇 번째 페이지인지가 표시되므로 등기부등본을 살필 경우

에는 먼저 전체 장수가 맞는지 확인할 필요가 있다.
① 순위번호 : 등기한 순서를 숫자로 표시
② 등기목적 : 등기의 내용 내지 종류를 표시
③ 접수 : 등기신청서를 접수한 날짜와 신청서를 접수하면서 부여한 접수번호를 표시
④ 등기원인 : 등기의 원인 및 원인일자를 표시
⑤ 권리자 및 기타 사항 : 부동산의 권리자 및 기타 권리 사항을 표시

6) 등기순위
(1) 같은 갑구나 을구 내에서는 '순위번호'가 빠를수록 권리가 앞선 것이다.
(2) 갑구와 을구 간 권리순서는 등기소에서 접수순서대로 부여하는 일련번호 성격의 '접수번호'로 결정된다.

> **TIP** 일반적인 경우에 건물은 건축물관리대장이 작성되고 등기부등본이 작성되는데, 미등기 건물의 경매가 진행될 경우에는 건축물관리대장 없이 직권으로 등기되고 경매가 진행된다.
> 이런 경우 등기부등본이 있다 하여 건물이 정상적인 건축물이라 단정하지 말고, 건축물관리대장이 왜 없는지를 반드시 확인해야 한다.
> 즉, 위반 건축물인 경우에도 등기가 될 수 있으므로 건축물관리대장이 존재하지 않는 건물은 위반 건축물 여부를 확인하여, 위반 건축물이라면 이행강제금이 부과되고 있는지, 합법화할 수 있는지 등을 확인한 뒤 입찰을 고려해야 한다.

2. 토지대장

문서확인번호: 1507-8591-8993-9770						1/1
고유번호	4276038026 - 10376 - 0010	**토지 대장**	도면번호	42	발급번호	20171013-0101-0001
토지소재	강원도 평창군 대관령면 용산리		장번호	1-1	처리시각	10시 46분 14초
지 번	376-10	축 척 1:1200	비 고		발급자	인터넷민원

토지표시				소유자		
지 목	면 적(㎡)	사 유	변동일자	주소		
			변동원인	성명 또는 명칭		등록번호
(01) 전	*3052*	(50)2007년09월01일 도일면 용산리에서 행정구역명칭변경	2012년 03월 13일	강원도 평창군 봉평면 안홍웅길 63		570218-2******
			(04)주소변경	김○현		
		--- 이하 여백 ---		--- 이하 여백 ---		

등급수정 년월일	1989.01.01. 설정	1990.01.01. 수정	1991.01.01. 수정	1992.01.01. 수정	1993.01.01. 수정	1994.01.01. 수정	1995.01.01. 수정
토지등급 (기준수확량등급)	89	98	105	111	115	122	125
개별공시지가기준일	2011년 01월 01일	2012년 01월 01일	2013년 01월 01일	2014년 01월 01일	2015년 01월 01일	2016년 01월 01일	2017년 01월 01일	용도지역 등
개별공시지가(원/㎡)	35800	44100	44100	46400	48700	50100	52500	

토지대장에 의하여 작성한 등본입니다.
2017년 10월 13일
강원도 평창군수

토지의 소재, 지번, 지목, 면적, 소유자 성명·주소·주민등록번호 등을 등록하여 토지의 상황을 명확하게 하는 공부이다. 토지대장에서 주의할 것은 면적이다. 토지대장의 토지면적과 등기부등본상의 토지면적이 일치하는지 반드시 확인할 필요가 있다.

1) 토지의 소재: 토지가 소재하는 장소의 시·군·구를 표시하고 1필마다 지번을 붙인다.
2) 지번: 토지에 붙어 있는 번호
3) 지목: 토지의 주된 사용 목적에 따라 토지의 종류를 구분, 표시
4) 면적: 지적 측량에 의하여 지적공부에 등록된 토지의 수평면적을 말하며, 토지대장에 등록하는 면적은 평방미터를 단위로 하여 정한다.
5) 소유자의 주소·주민등록번호·성명 또는 명칭

3. 건축물관리대장

1) 건물의 면적, 구조, 용도, 신축일, 용도, 층수 등 건물의 표시에 관한 사항과 소유자의 이름·주소·소유권지분 등 소유자의 현황에 관한 사항을 등록하여 관리하는 대장이다.
2) 토지대장과 건축물관리대장의 내용과 등기부의 내용을 비교해서 미등기된 부분 등이 없는지를 확인해야 한다.
3) 건물의 허가사항을 확인할 수 있다. 근린생활시설을 불법 개조하여 주택으로 사용하는 경우에는 위반 건축물로 건축물관리대장에 등재되고 이행강제금이 부과될 수 있으므로 확인해야 한다.
4) 건축물대장에서 정화조 용량, 층고 등을 확인해야 한다. 상가 등의 경우 건축물 상태에 따라 영업허가가 안 나올 수도 있음을 알아야 한다.

4. 토지이용계획확인원

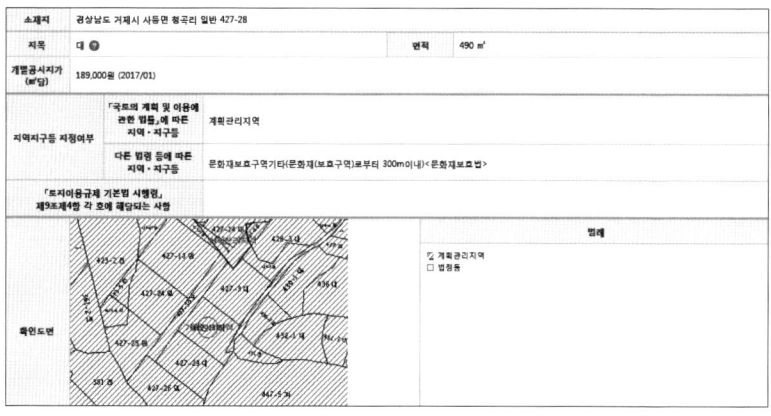

1) 토지이용계획확인원은

   (1) 토지의 공법상 활용도를 지정하고
   (2) 부동산의 현재가치를 나타내며
   (3) 토지의 지목, 면적, 공시지가, 규제 등이 포함되어 있는 문서이다.
   (4) 토지이용규제정보서비스(Luris)에 접속하면 열람이 가능하다.

2) 토지이용계획확인원 활용은

   (1) 용도상의 규제나 거래상 규제의 유무를 알 수 있으므로 부동산의 가치분석을 하는 데 필요하다.
   (2) 건축을 하기 위해서 제일 먼저 확보해야 할 것은 도로이며, 현재의 상태뿐 아니라 미래의 상태를 알려준다.
   (3) 도시계획시설(저축) 여부, 용도지역지구 확인, 개발제한구역 여부, 군사시설 보호구역 여부 등을 확인할 수 있으며 축소된 지적도가 그려져 있어 토지의 형태를 파악, 효용가치 여부를 결정하는 데 활용할 수 있다.

section 3

부동산 경매 참여 목적과 자금 능력 체크

부동산 경매에 참여한다는 것은 결국 돈을 벌기 위함이다. 부동산 경매물건 전부를 확인할 수는 없으므로 자신만의 몇 가지 기준을 만들어 물건의 범위를 좁히고 그 분야의 전문가가 되어야 부동산 경매를 통하여 원하는 수익을 창출할 수 있다.

1. 목적

수익 목적인지 직접 사용 목적인지, 수익 목적이라면 단기차익·장기차익·임대수익·취득 후 개발행위 중 어떤 목적인지를 결정한 뒤에 부동산 경매물건을 찾아야 목적에 부합하는 물건을 찾을 수 있다.

어떤 목적이냐에 따라 입찰 물건, 입찰가 산정, 대출 조건 등 전반적인 조건 등이 달라지기 때문에 신중하게 고려한 뒤 선택해야 한다.

2. 지역

평소 자주 접하거나 지역 정보에 밝은 곳을 선택하는 것이 좋다. 전체 지역보다는 잘 아는 곳에 집중해야 다른 사람보다 전문화되고 나은 지식을 가지고 앞서갈 수 있다.

즉 평소 많이 접할 수 있고, 경험할 수 있는 지역을 중심으로 물건을 찾는 것이 좀 더 좋은 결과를 얻을 수 있다.

3. 동원할 자금 규모

경매에 들어가는 비용은 여러 가지가 있다. 낙찰금액 외에 취득세 등, 이사비용, 대출 이용 시 이자비용, 컨설팅 이용 시 컨설팅 비용 등이 들어간다.

낙찰 후 감당할 수 있는 자금 능력을 먼저 확인한 뒤 입찰해야 한다. 지금도 누군가는 낙찰받고, 누군가는 낙찰잔금을 납부하지 못해 입찰보증금을 몰수당하고 그 물건은 다시 재경매에 나오고 있다.

은행이나 보험사를 통해 낙찰잔금 대출을 받을 수 있기 때문에 대출을 포함해 경매물건이 금액적으로 소화할 수 있는 범위 안에 있는가를 봐야 한다.

물건에 따라서 대출 가능 금액이 다르다. 입찰 전에 대출 가능 금액을 확인한 뒤 입찰해야 한다.

대출자의 신용도에 따라서 대출금리도 차이가 있으므로 평소에 신용을 관리하는 것은 기본이다.

요즘같이 부동산 대책의 하나로 대출에 대한 규제가 언제 나올지 모르는 상황에서는 자금사정을 특별히 고려해야 한다.

대출에서 알아야 할 것의 하나가 중도상환수수료이다.

대출기간이 장기인지 단기인지에 따라 중도상환수수료를 잘 검토해야 한다. 대출기간이 단기여서 중도상환수수료를 부담할 가능성이 많으면 이자율이 조금 높더라도 중도상환수수료 부담이 적은 대출상품을 선택한다.

가족으로부터 자금 지원을 받는 경우에는 뒤에서 언급하는 자금출처조사 대상이 될 수 있으므로 증여세 해당 여부를 충분히 검토해야 한다.

section 4

부동산 경매물건 검색

경매참여를 위한 첫 시작은 경매물건의 검색으로부터 시작된다. 한 달에 전국적으로 경매되는 수만 건의 경매물건 중에서 원하는 물건을 찾아내는 것은 어렵다.
그러므로 원하는 물건을 제대로 찾기 위해서는 자신만의 기준을 정해야 한다.
경매물건 정보를 얻는 방법으로 예전에는 신문공고나 경매지를 참고한 적도 있으나 인터넷이 대세인 요즘에는 주로 인터넷 검색을 통하여 경매물건을 찾고 있다.
경매물건을 검색할 수 있는 곳은 대법원 사이트, 각종 유·무료 경매정보 사이트 등이며, 각각 장단점이 있다.

1. 대법원 경매정보 사이트

대법원 경매 정보 사이트(www.courtauction.go.kr)는 부동산 경매정보의 가장 기본이 되는 사이트이다. 모든 유·무료 부동산 경매정보 제공 사이트는 대법원 경매정보 사이트의 정보를 이용하여 만들어지고 있다.

이곳에서는 매각물건명세서, 현황조사서, 감정평가서 등을 읽어 볼 수 있다.

1) 다음은 대법원 사이트에서 반드시 확인해야 할 것들이다.

① 부동산의 표시
② 강제경매 또는 임의경매로 매각한다는 취지와 그 매각 방법
③ 부동산의 점유자, 점유의 권원, 점유해서 사용할 수 있는 기간, 차임 또는 보증금 약정 및 그 액수
④ 매각기일의 일시·장소, 매각기일을 진행할 집행관의 성명 및 기

간입찰의 방법으로 매각할 경우 입찰기간·장소
⑤ 최저매각가격
⑥ 매각결정기일의 일시·장소
⑦ 매각물건명세서·현황조사보고서 및 평가서 사본을 매각기일 전에 법원에 비치해서 누구든지 볼 수 있도록 제공한다는 취지
⑧ 일괄매각결정을 한 경우에는 그 취지
⑨ 매수신청인의 자격을 제한하는 경우에는 그 제한의 내용
⑩ 매수신청의 보증금액과 보증제공방법

2) 대법원 경매정보는 입찰법정에 가기 전에 반드시 확인하고 가야 한다.

유료정보 사이트의 편리한 기능에 익숙해져 대법원 경매정보 사이트를 확인하지 않고 입찰법정에 가는 사람들이 있는데 이는 총을 들지 않고 전쟁터에 나가는 것과 같다.

　입찰법정에 가기 전에는 반드시 경매물건에 대한 내역 등 가장 최근 진행사항을 체크해야 한다. 대법원 경매정보는 다수관심물건, 다수조회물건 등 참고할 만한 것이 많고, 최신 정보로서 유용하지만, 정보 나열 형식이며, 생소한 단어의 나열로만 보일 수 있어 경매 초보자가 보기에는 혼란스러운 면도 있다.

3) 유료 경매정보 사이트를 이용하면 경매 초보자도 좋은 정보를 손쉽게 얻을 수 있다.

경매 참가자들은 간단하게 등기부등본, 건축물대장, 토지이용계획확인원 등 부동산 공적 자료는 물론, 권리분석까지 알 수 있다. 물론 이들 업체들은 전문가 상담도 진행하고 있는데 문제는 유료 서비스라는 점

이다. 유료 경매정보 사이트에서 자료를 검색하기 위해서는 1년에 적게는 몇십만 원 많게는 100만 원 정도의 비용을 지불해야 한다.

　유료 사이트는 각각의 사이트마다 장단점이 있고, 지역에 따라 정보의 정확도에서 차이가 날 수 있다. 그리고 유료 경매정보 사이트의 내용을 맹신하는 것은 절대 금물이며, 그 정보를 믿고 입찰하여 혹시나 손실을 입게 되는 경우 보상받지 못한다는 것도 알고 있어야 한다.

2. 경매 사이트의 물건을 검색하는 순서

대법원 경매정보 사이트를 통하여 타워팰리스 아파트 부동산 경매물건을 검색하는 순서를 연습해본다.

1) 서울시 강남구 도곡동 아파트 경매물건을 검색해본다.

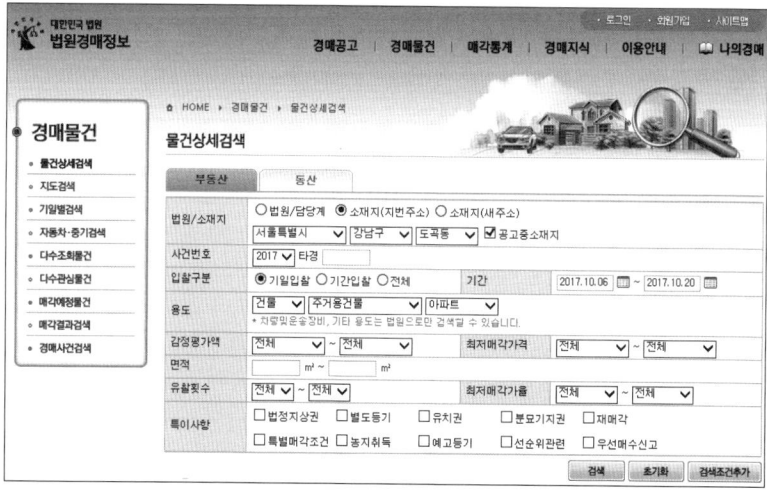

2) 검색 기간 내에 경매 진행 중인 물건은 2개임을 알 수 있다. 그중 타워팰리스를 검색해본다.

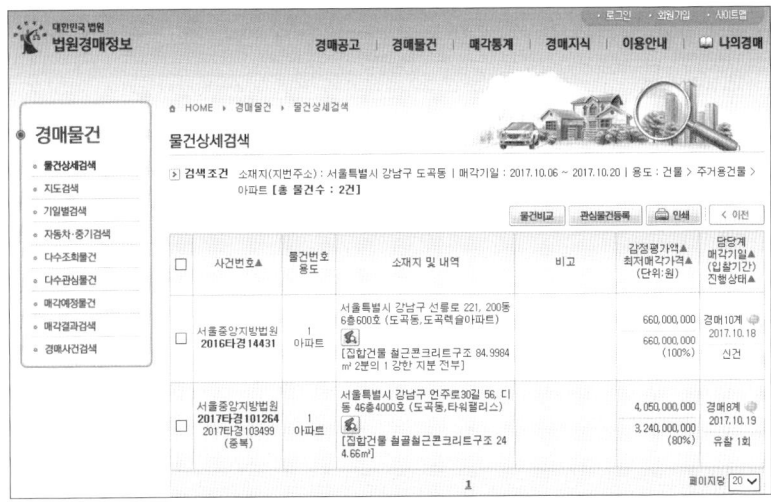

3) 타워팰리스를 더블 클릭하면 이 물건에 대한 기본 정보를 확인할 수 있다.

4) 현황조사서(매각기일 14일 전)

응찰자가 응찰하기 전에 반드시 봐야 할 법원의 기록이다.

현황조사서는 법원 소속 집행관이 직접 현장을 방문해 조사한 내용을 기재하고 있다. 임대차관계, 점유관계, 부동산현황 등 3가지 내용이 표기되어 있다.

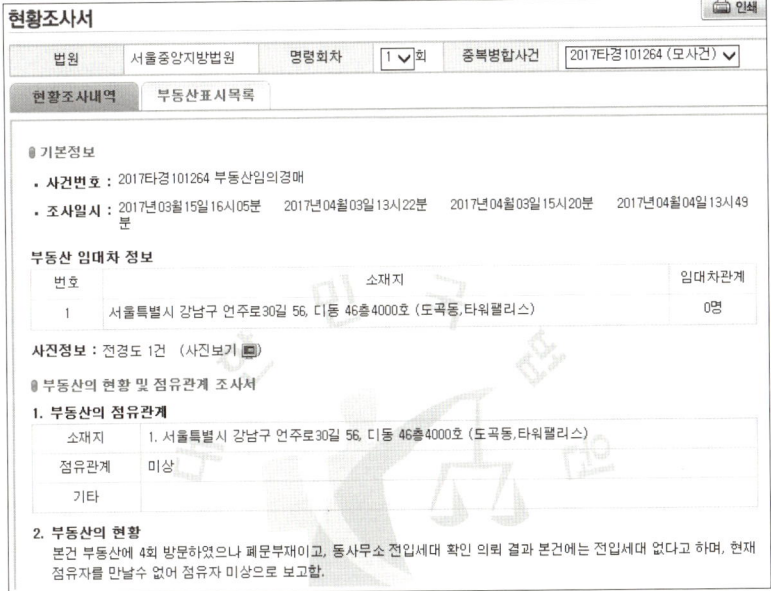

5) 매각물건명세서(매각기일 7일 전)

매각물건명세서는 매각 대상 물건의 현황과 권리관계 및 감정평가액 등을 일목요연하게 정리 작성한 문서이다.

여기에는 최선순위(저당권 또는 가압류 등) 설정일자, 점유 및 임대차 관련 사항, 배당요구 여부, 매각허가로 소멸되지 않고 인수되는 권리 및 법정지상권 등이 표기된다.

매각물건명세서는 경매대상 물건을 표시하고, 그 현황과 권리관계를 공시하여 응찰자가 경매대상물건에 필요한 정보를 취하여 예측하지 못한 손해를 입는 것을 방지하기 위함이다.

매각물건명세서

사건	2017타경101264 부동산임의경매 2017타경103499(중복)	매각물건번호	1	담임법관(사법보좌관)	
작성일자	2017.08.09		최선순위 설정일자	2014.05.29.근저당권	
부동산 및 감정평가액 최저매각가격의 표시	부동산표시목록 참조		배당요구종기	2017.06.05	

점유자의 성명	점유부분	정보출처 구분	점유의 권원	임대차 기간 (점유기간)	보증금	차임	전입신고일자.사업자 등록신청일자	확정일자	배당요구 여부 (배당요구일자)
				조사된 임차내역 없음					

< 비고 >

※ 등기된 부동산에 관한 권리 또는 가처분으로서 매각으로 그 효력이 소멸되지 아니하는 것
해당사항 없음

6) 감정평가서(매각기일 14일 전부터 열람 가능)

(1) 감정평가서는 평가표, 평가의견서, 평가명세표, 평가요항표, 위치도, 물건사진 등으로 구성되어 있다.

감정평가서에는 평가가액뿐만 아니라 구조, 시설, 노후 정도, 위치 등에서부터 교통 등 부동산의 주변에 대한 사실도 기록되어 있으므로 철저하게 따져본 뒤 감정평가서를 지참하고 현장 조사에 임해야 한다.

특히 토지의 경우에는 감정평가서상의 사진을 제대로 익혀서 엉뚱한 토지를 현장조사하는 실수를 하지 말아야 한다.

(2) 감정평가서상의 감정평가금액을 맹신하면 안 된다.

부동산에 대하여 감정평가를 하는 경우는 금융기관으로부터 대출을 받기 위한 감정평가와 경매 또는 공매를 진행하기 위한

감정평가이다.

일반적으로 대출을 목적으로 하는 감정평가는 시세보다 낮게, 경매 또는 공매를 위한 감정평가는 시세보다 높게 하는 경향이 있으나 확실한 것은 아니다.

또한 감정평가는 경매 입찰기일로부터 보통 6개월 전에 평가한 것이므로 그동안의 시세나 특수 사정이 발생하였을 경우 반영되지 않으므로 감정평가를 그대로 믿지 말고 참고만 해야 한다.

마트에서 파는 물건 가격과는 다르게 부동산 가격에 정해진 정가는 없다.

얼마나 자료를 분석하고 열심히 현장을 가느냐에 따라 부동산 경매의 성적표가 나온다.

최근 서울 강남, 서초, 송파, 성남 분당의 부동산 가격 상승 지역은 감정평가액 이상으로 낙찰되는 사례가 빈번한 것에서 보듯이 감정평가를 기준으로 지역 부동산 가격이 상승세인지 하락세인지를 읽을 수 있는 능력을 길러야 한다.

(3) 부동산에서 쓰이는 가격 명칭
  ① 호가 : 부동산을 팔기 원하는 가격
  ② 시가 : 시장에서 부동산이 거래되는 가격
  ③ 급매가 : 매도인의 사정으로 시가보다 낮은 가격에 거래되는 가격

chapter 2
시간과 돈을 절약하는 정확한 권리분석 방법

권리분석은
① 부동산 경매물건의 옥석을 가리는 것이고,
② 경매물건에 입찰 여부를 결정하게 해주고,
③ 해당 부동산을 낙찰받은 뒤 부담(인수)하는 추가적인 금액 여부를 파악하는 것이고,
④ 권리분석의 실수는 커다란 재산상의 손실을 입을 수 있으며,
⑤ 이렇게 중요한 권리분석이지만 기본 원칙을 알고 있으면 어렵지 않게 할 수 있다.

section 1
권리분석에 등장하는 각종 권리

1. (근)저당권(물권)

채무자 또는 제3자가 부동산을 담보로 제공하고, 돈을 빌리는 것을 말하며, 일반적으로 채권의 120~140%를 채권최고액으로 설정한다.

채무자가 채권을 변제하지 않으면 경매를 신청할 수 있으며, 이러한

경매를 임의경매라 한다.

경매신청 당시 채권뿐만 아니라 배당기일까지의 연체이자를 포함하여 채권최고액의 범위 내에서 배당받을 수 있다.

순위에 관계없이 경매진행으로 원칙적으로 소멸되는 권리이다.

2. 압류와 가압류

1) 압류는 체납된 국세처럼 이자가 별도로 붙지 않아서 받을 금액이 확정되어 있는 것을 말하고, 가압류는 일반채권으로 채권액이 얼마가 될지 확정되어 있지 아니한 경우를 말한다.

   전 소유자의 가압류도 배당받고 소멸되는 것이 원칙이다(단, 매수인의 인수조건으로 매각 절차가 진행되면 소멸 안 되는 경우도 있다).

2) 가압류는 금전채권이나 금전으로 환산할 수 있는 채권에 대하여 채권자가 장래 행할 강제집행을 보전하기 위하여 현재 채무자의 재산을 일시 압류하여 채무자가 처분하지 못하도록 하는 것이다.

   순위에 관계없이 경매진행으로 원칙적으로 소멸되는 권리이다. 예를 들어 채권자가 채무자를 상대로 대여금청구의 소를 제기하여 전부승소판결을 받았다 할지라도 채무자가 자기 명의의 재산을 모두 다른 사람 명의로 돌려놓았거나 처분하였다면 그동안 채권자가 승소판결 받기 위해 들였던 수고와 노력은 물거품이 되고 만다. 즉 채무자 명의로 된 재산이 한 푼도 없으므로 실질적으로 을에게 돈을 받아낼 수 없는 손해발생을 방지하기 위한 보전처분이 가압류이다.

3. 가처분

가처분이란 채권자가 채무자에게 금전채권이 아닌 특정의 물건에 대한 청구권을 가지고 있는 경우에는 판결이 확정되어 그 강제집행 시까지 방치하면 채무자가 그 물건의 현 상태를 변경할 수 있으므로 이를 저지시키는 것을 말한다.

1) 경매에서 꼭 알아야 하는 가처분은 점유이전금지 가처분과 처분금지 가처분 등의 2가지이며, 입찰 단계에서는 처분금지 가처분, 낙찰받고 명도 시에는 점유이전금지 가처분을 알아야 한다.

2) 선순위 가처분의 경우 낙찰로 소멸하지 않고 낙찰자가 인수하게 되는데, 나중에 가처분 채권자가 채무자를 상대로 한 본안소송에서 승소하면 경매를 통한 매수인은 소유권을 잃을 수 있기 때문에 조심해야 한다.

3) 후순위 가처분은 원칙적으로 소멸하지만 소멸하지 않는 후순위 가처분도 있다. 소멸하지 않는 후순위 가처분은 '토지소유자가 그 지상 건물소유자에 대해서 가처분을 한 경우'와 '선순위 근저당이 강제경매 개시 당시 이미 소멸했음에도 형식상 등기만 남아 있을 뿐인 경우'이다.

4) 가처분등기가 되어 있는 경우에는 무엇에 대한 가처분인지를 먼저 확인한 뒤 낙찰 이후에 인수할 것이 있는지를 파악해야 한다.

4. 가등기

1) 가등기는 본등기를 할 수 있는 법적 요건을 갖추지 못한 경우, 장래에 행하여질 본등기의 순위를 확보하기 위해 임시로 하는 등기이다. 즉 가등기가 행해진 뒤 본등기가 이루어지면 본등기의 순위는 가등기의 순위로 소급된다(순위보전의 효력).

2) 가등기에는 담보 가등기와 소유권이전청구권 가등기가 있다.
담보 가등기는 채권의 보전을 목적으로 하며, 저당권과 비슷한 성격을 가지는 가등기이다.
이 담보 가등기는 채권 담보의 목적을 위해 가등기의 형식을 이용한 것으로 소유권이전청구권 가등기가 본등기의 순위확보적 효력만 가지고 가등기 자체만으로는 물권 변동의 효력이 생기지 않는 반면, 이 담보 가등기는 담보권에 준하는 실체법적 효력을 가진다는 점에서 소유권이전청구권 가등기와 구별된다.

3) 부동산 경매에서 담보 가등기인지 소유권이전청구권 가등기인지 여부는 중요하다.
일반적으로 배당요구를 하였다면 담보 가등기로 보고, 선순위 가등기인 경우 **배당요구 여부를 확인한 뒤 입찰해야 한다.**
선순위 가등기이면서 배당요구를 하지 않았다면 소유권이전청구권 가등기이고, 매수인이 인수할 수 있으므로 주의해야 한다. 담보 가등기는 순위에 상관없이 원칙적으로 소멸하는 권리이며, 선순위 담보 가등기인 경우에는 말소기준권리가 된다.
후순위 가등기인 경우에는 어떤 가등기이건 말소된다.

5. 유치권

유치권은 담보물권 중의 하나로서 우선변제권이 없어서 배당되지 않으므로 낙찰자가 이를 인수하고 유치권자에게 부동산과 관련된 유치권 채무를 변제해야만 낙찰 부동산을 인수할 수 있는 것이다.

유치권이 성립하기 위해서는 다음의 요건이 충족되어야 한다.
① 채권이 경매목적 부동산 자체에 대하여 발생한 채권이어야 한다(견련성).
② 채권자가 목적부동산을 점유하고 있어야 한다. 점유에는 직접점유 또는 간접점유(채권자를 위하여 제3자가 점유하는 것)도 관계없다.
  점유를 상실하면 유치권은 즉시 소멸하고, 다시 점유하였을 때 권리를 회복하기 때문에 매수인으로부터 채권의 변제를 받을 때까지 목적부동산을 점유하고 있어야 한다.
③ 점유에는 정당한 권원이 있어야 한다(적법한 점유).
  실력행사 등에 의한 무단점유와 불법점유는 인정되지 않는다.
④ 채권이 변제기에 있어야 하며, 경매개시결정 이후에 발생된 채권은 인정되지 않는다.
⑤ 유치권 발생을 배제하는 특약이 없어야 한다.
⑥ 임차인이 자신의 편익을 위해 지출한 시설비는 인정되지 않는다.
  통상적으로 부동산에 대하여 유치권이 생기는 내용은 건물을 신축할 때 건축주가 공사비를 공사업자에게 주지 못하면 시공자가 그 건물의 전체 또는 일부를 공사비 대신 차지하는 경우가 가장 대표적이다. 유치권은 우선변제권은 없으나 경매신청권은 있다.

> **TIP** 주의할 점은 "유치권 신고는 대부분 가짜"라는 말을 맹신하여 유치권 신고된 물건만 찾아다니며 기초적인 조사 없이 응찰하게 되면 낭패를 당할 수 있다.
> 유치권이 성립하는 경매물건이 분명히 있다. 유치권이 성립되지 않는 것이 명확하게 확인되지 않는 한 입찰에 신중하게 접근해야 한다.
> ※ 유치권이 있는 물건을 입찰하려면 유치권의 내용을 정확하게 파악해야 한다. 타당성이 있는 유치권이라면 입찰 전 유치권자와 접촉하여 유치권 해결 방법을 찾는 것이 좋은 방법이다.

6. 법정지상권

건물과 토지를 별개의 부동산으로 취급하는 현행법에서 어떤 이유로 토지와 건물의 소유자가 다르게 된 경우 당사자 사이에 어떤 계약이 없어도 일정한 요건이 되면 지상권이 성립된 것처럼 인정한다는 것이 법정지상권이다.

저당물의 경매로 인하여 토지와 그 지상건물이 다른 소유자에 속한 경우에는 토지 소유자는 건물 소유자에 대하여 지상권을 설정한 것으로 보는 것을 법정지상권이라 한다.

법정지상권은 당사자 사이에 지상권 설정계약이 없는 경우에도 법률이나 관습법이 건물의 철거를 방지하기 위하여 인정하는 토지 사용권이다.

1) 법정지상권의 성립 요건

(1) 당사자 사이에 합의가 없음.
　① 당사자 사이에 약정이 체결된 경우는 그 계약에 따라서 지

상권이 성립된다.

② 만일 당사자 사이에 법정지상권을 성립시키지 않기로 합의를 한 경우 법정지상권 규정은 강행 규정이므로 그 합의는 무효다.

(2) 저당권 등의 설정 시 토지와 건물의 소유자가 동일인일 것.

법정지상권 성립 이전에 건물과 토지의 소유자가 동일인이었기 때문에 그 토지 위에 지상권을 설정할 필요가 없었던 경우에 한해서 법정지상권의 필요성이 생긴다.

(3) 경매, 매매 등으로 토지와 건물의 소유자가 다르게 될 것.

법정지상권은 경매나 매매 등으로 토지와 건물의 소유자가 달라진 경우에만 인정된다. 양도의 원인으로 경매, 매매, 증여, 귀속재산의 귀속, 공유물의 분할, 국세징수법에 의한 공매 등이 포함된다.

(4) 등기를 필요로 하지 않음.

법정지상권은 법률의 규정 또는 관습법에 의해 취득하는 권리이므로 등기하지 않아도 법정지상권이 생긴다.

단, 제3자에게 양도하기 위해서는 등기해야 한다.

2) 법정지상권의 성립 시기

법정지상권의 성립 시기는 토지나 건물이 경매로 그 소유권이 이전되는 때이다. 법정지상권을 취득한 사람은 토지소유자에 대하여 지상권의 등기를 청구할 수 있다.

3) 법정지상권의 내용

(1) 법정지상권의 범위는 꼭 그 건물의 대지에 한정되는 것은 아니고 건물을 이용하는 데 필요한 한도에서 대지 이외의 부분에도 미친다.

(2) 법정지상권의 지료는 당사자의 협의에 의하며, 협의가 성립하지 않을 때는 당사자의 청구에 의하여 법원이 결정한다.
관습법상 법정지상권 : 토지와 건물이 동일인에게 속했다가 그 중 어느 하나가 매매 기타의 일정 원인으로 각각 소유자를 달리하게 된 때에 그 건물을 철거한다는 특약이 없으면 건물 소유자가 관습상 당연히 취득하게 되는 권리이며, 등기되지 않는다.

(3) 법정지상권의 조사
① 토지와 건물의 소유자, 건축년도의 확인
② 건축물대장, 과세대장, 무허가건물관리대장 탐문
③ 건물의 매입 시기
④ 구옥의 멸실 후 신축 여부
⑤ 근저당 이후의 건축 : 건축물관리대장의 허가일, 착공일

(4) 법정지상권은 법률의 규정에 의한 취득이기 때문에 그 성립에 등기를 필요로 하지 않는다. 단, 법정지상권을 양도하려면 등기를 해야 한다. 법정지상권을 취득한 사람은 토지소유자에 대하

여 지상권의 등기를 청구할 수 있다.

(5) 주의할 점

물건을 고를 때 법정지상권의 성립 여부보다는 물건의 가치를 먼저 보아야 한다.

① 법정지상권 관련된 토지의 경우 대출이 되지 않고 매도하는 것도 쉽지 않다.

② 투자자금 전부를 법정지상권 관련 물건에 투자하고 다른 사람들은 열심히 수익을 낼 때 아무것도 못하는 사람들이 있다. 법정지상권 물건은 장기로 갈 수 있다는 것을 전제로 입찰하고, 시간과 자금을 배분해야 한다.

(6) 법정지상권 해결 방법

당초 입찰할 때 어떻게 처리할 것인지를 계획한 뒤 입찰에 응해야 한다.

① 법정지상권이 성립 안 되는 경우 : 철거 소송과 함께 지료를 청구한다.

② 법정지상권이 성립되는 경우 : 지료 청구를 한다.

③ 법정지상권이 성립되든 성립 안 되든 소송에 가기 전에 먼저 당사자 간의 합의에 이르는 것이 시간과 금전을 아끼는 방법이다.

④ 도저히 합의에 이르지 못하는 경우에만 소송을 제기하는 것이 좋다. 지료는 1년 단위로 받고, 2번 연체하면 철거소송을 할 수 있다.

(7) 참고할 사항

토지의 가치도 중요하지만 입찰대상이 아닌 지상의 건물의 가치도 중요하다. 그 이유는 법정지상권 성립 여지가 있는 물건의 목표는 토지와 건물의 소유자를 한 사람으로 만드는 것으로, 건물을 철거해서 나대지로 소유하는 것이 아니기 때문이다. 건물이 형편없다면 비싼 값에 토지를 낙찰받는 것은 심각하고 진지하게 다시 생각해보아야 한다. 결국 그 건물을 낙찰받는다는 마음으로 물건을 확인해야 한다.

또한 토지와 건물의 소유자가 동일인이 되었을 때의 부동산의 총가치를 평가해낼 수 있어야 한다.

7. 지상권

타인의 토지에 건물 기타 공작물이나 수목을 소유하기 위하여 그 토지를 사용하는 권리이다.

— 지상권의 존속기간

(1) 설정행위로 정하는 경우

① 최장기간은 제한 없음

② 최단기간

석조, 석회조, 연와조, 견고한 건물이나 수목 : 30년

그 밖의 건물 : 15년

(2) 기간을 정하지 않는 경우는 최단기간을 적용한다.

(3) 설정 당시 건물의 종류와 구조를 정하지 않는 경우 : 15년

(4) 지상권이 존속기간의 만료로 소멸한 경우 건물이 존재하고 있으

면 지상권자는 계약의 갱신을 청구할 수 있다. 토지소유자가 거절할 경우에는 지상물의 매수를 청구할 수 있다.

8. 분묘기지권

타인의 토지에 분묘를 설치한 자가 그 분묘를 소유하기 위하여 분묘의 기지 부분의 타인소유 토지를 사용할 수 있는 권리로, 관습에 의해 인정된 지상권과 유사한 물권을 말한다.

1) 성립요건

다음 중 한 가지 요건만 갖추면 성립한다.
① 토지소유자의 승낙을 얻어 분묘를 설치한 경우
② 토지소유자의 승낙없이 분묘를 설치하고 20년간 평온, 공연하게 점유하여 시효 취득을 한 경우
③ 자기소유의 토지에 분묘를 설치한 자가 분묘에 관해서는 별도 특약 없이 토지만을 타인에게 처분한 경우

2) 특징

① 지료는 당사자 간의 합의에 의하지만 약정이 없는 경우 무상이다.
② 봉분의 형태가 분명해야 한다.

3) 범위

그 분묘의 기지뿐 아니라 분묘의 설치 목적인 분묘의 수호 및 제사에 필요한 범위 안에서 분묘기지 주변의 공지를 포함한 지역에까지 미친다.

4) 입찰 시 주의사항

(1) 현장답사 때 분묘의 유무를 확인하고 분묘가 있을 경우에는 일단 분묘기지권이 성립한다는 전제하에 위치와 이장 가능 여부를 검토한 뒤 입찰에 응해야 한다.

자칫 분묘기지권이 성립하는 토지에 잘못 입찰하여 이러지도 저러지도 못하고 곤란한 경우에 처하는 경우가 많다.

조상에 대한 예의나 존중이 특별한 한국의 정서상 해결하기가 쉽지 않기 때문이다.

(2) 분묘기지권이 성립된다고 무조건 관심물건에서 제외시켜서는 안 된다.

토지 취득목적에 부합되는 토지에 분묘기지권이 성립된다면 원하는 가격보다 훨씬 낮은 가격에 취득할 수 있고, 묘지가 토지의 주변에 위치한다면 분묘기지권을 인정한다 해도 필요한 용도에 사용할 수 있다.

그러므로 일단 제외시키지 말고 면적, 도로, 사용용도에 적합한 것으로 보이면 현지답사를 하는 것이 좋다.

(3) 토지소유자나 연고자의 승낙 없이 설치한 분묘는 토지소유자가 관할 시·군·구청장의 허가를 받아 분묘에 매장된 시체 또는 유골을 개장할 수 있고, 연고자가 없는 무연고 분묘에 대해서는 관할 시·군·구청장의 허가를 받아 분묘에 매장된 시체 또는 유골을 화장해 납골할 수 있으므로 경매에 어느 정도 내공이 쌓였다면 꼼꼼히 살펴 기회를 포착하는 지혜가 필요하다.

9. 각종 권리 요약

종류		물권의 내용	비고
소유권		소유자가 그 소유물을 사용, 수익, 처분할 수 있는 권리	
점유권		소유권과 관계없이 물건을 사실상 지배하고 있는 경우의 지배권	
용익 물권	지상권	타인의 토지에서 건물, 기타의 공작물이나 수목을 소유하기 위해 그 토지를 사용할 수 있는 권리	등기됨
	지역권	타인의 토지를 자기 토지의 편익에 이용하는 권리	등기됨
	전세권	전세금을 지급하고 타인의 부동산을 그 용도에 따라 사용, 수익하는 권리	등기됨
담보 물권	저당권	채무자 또는 보증인이 채무의 담보로 제공한 부동산 기타의 목적물을 채무의 변제가 없는 경우에 그 목적물로부터 우선변제를 받는 권리	등기됨
	유치권	타인의 물건을 점유한 자가 그 물건에 관해 생긴 채권을 가지는 경우에 그 채권의 변제를 받을 때까지 그 물건을 유치할 수 있는 권리	등기되지 않음
	질권	채권자가 채권의 담보로서 채무자 또는 제3자로부터 받은 담보물권	등기됨
채권		임차권	표시 (미표시 존재)
주택(상가)임대차 보호법상의 권리		선순위 임차권 임차권등기명령이 된 임차권	미표시 표시
절차법상의 권리		가압류등기 가처분등기 가등기	표시 표시 표시
공법상의 권리		압류등기	표시

section 2

권리분석 순서

1) 등기부등본상의 갑구와 을구의 권리와 법원기록상의 권리를 날짜 순으로 적는다.
2) 임차인의 전입일자와 확정일자를 날짜순서에 따라 넣는다.
3) 말소기준권리를 찾는다.

   말소기준권리란 경매대상이 된 부동산의 등기부에 표시되는 모든 권리와 표시되지 않은 모든 권리를 통틀어서 낙찰자가 인수여부를 결정하는 기준이 되는 권리를 말한다.

   즉 낙찰자에게 인수되는 권리와 낙찰로 인해 말소되는 권리를 구분하는 기준이 되는 권리를 말한다.

section 3

말소기준권리

말소기준권리보다 뒤에 있으면 낙찰자가 인수할 필요가 없고, 말소기준권리보다 앞선 권리는 낙찰자가 인수한다.

1. 말소기준권리가 될 수 있는 권리

: 압류, 담보 가등기, 전세권, 경매개시결정기입 등기 등

- 전세권이 말소기준권리가 되려면 다음의 요건을 충족해야 한다.
  (1) 건물 전체에 관한 전세권이어야한다.
     (건물 일부에 대한 전세권은 말소기준권리가 될 수 없다.)
  (2) 말소되는 전세권이어야 한다.
     ■ 전세권이 말소되는 경우
        ① 선순위 전세권자가 경매를 청구한 경우
        ② 선순위 전세권자가 배당요구를 한 경우

2. 말소기준권리 요약 정리

등기부 표시 여부		종류	말소기준 여부	말소기준권리		비고
				전	후	
등기부 표시	갑구	경매기입등기	말소기준권리	말소	말소	
		(가)압류	말소기준권리	인수 말소	말소	등기대상소유자에 따라 말소 여부 결정
		담보가등기	말소기준권리	말소	말소	
	을구	(근)저당권	말소기준권리	말소	말소	배당요구에 따라 말소 여부 결정
		전세권		인수 말소	말소	
		등기된 임차권		인수	말소	
		임차권등기명령 임차권		인수	말소	

section 4

소제(멸)주의 원칙

경매가 완료되면 등기부상의 모든 권리가 말소기준권리와 함께 말소되는 것을 말한다. 말소되는 권리는 정하는 순서에 따라 부동산의 매각대금 중 배당에 참여하게 된다. 등기부상 소제주의가 적용되면 낙찰자는 입찰대금 이외의 추가부담이 없다.

소멸되는 권리(소멸주의)

1) (근)저당권

순위에 관계없이 경매진행으로 원칙적으로 소멸되는 권리이다.

2) 압류와 가압류

순위에 상관없이 경매진행으로 원칙적으로 소멸되는 권리이다.

3) 전세권

　(1) 소멸하는 전세권

　　① 경매를 신청한 전세권

　　② 배당요구한 전세권

　(2) 집합건물의 전세권은 대지권을 포함한 전체 매각대금에서 배당, 단독주택의 전세권은 건물등기부에만 전세권을 설정한 경우 건물의 매각대금에서만 배당을 받는다.

　(3) 전세권설정계약서에 날인된 등기소의 일부인은 확정일자로 보아야 하므로 토지의 매각대금에 대한 배당 순위도 전세권등기일자를 기준으로 판단해야 하는 경우가 있다.

(4) 집합건물 전체에 전세권이 설정되어 있으면 전세금의 반환청구는 임의경매로 신청, 주택은 보통 건물에만 전세권이 설정되어 있으므로 전세금 반환청구소송을 거쳐 강제경매를 신청해야 한다.

section 5

인수주의 원칙

말소기준권리보다 선순위로 경료된 일정한 권리와 법정지상권, 유치권 등의 권리는 경매가 완료되어 촉탁등기의 결과로도 말소되지 않고, 낙찰자가 추가로 인수해야 하는 권리를 말한다. 이를 인수주의 원칙이라 한다.

따라서 권리분석에서 낙찰 후 인수 여부와 인수한다면 그 금액이 얼마인지를 확실하게 알고 있는 것이 부동산 경매 투자의 성패를 가늠하는 중요한 잣대가 된다.

대항력 있는 임차인은 전 주인과 맺은 계약기간을 인정받고 전 주인에게 지불한 임대차보증금을 매수인(낙찰자)에게 반환받을 수 있다. 즉 경매가 실행되는 주택의 임차인은 대항력 여부에 따라 채권(임차보증금) 회수의 명암이 엇갈린다.

임차인에 관한 부분은 뒤에 기술한다.

1) 선순위 담보권보다 앞서는 권리는 낙찰자가 인수하게 된다(특히

주택임대차보호법상의 보호대상이 되는 선순위 주택임차인을 주의해야 한다).
2) 선순위 담보권 4가지 중 하나도 없을 경우에는 경매등기가 말소기준권리가 되어 경매등기보다 앞선 모든 권리는 낙찰자가 원칙적으로 인수하게 된다.
3) 선순위 전세권
전세권 중 배당요구를 하지 않은 전세권은 낙찰자가 추가로 인수해야 한다.
4) 유치권
5) 낙찰자가 인수하는 권리 정리

인수될 수 있는 권리	인수 여부
유치권, 법정지상권	항상 인수됨(말소기준권리 보다 선순위, 후순위 불문)
용익물권 (지상권, 지역권, 전세권)	말소기준권리보다 앞선 일자로 설정된 경우에만 인수됨
환매권, 임차권, 가처분, 가등기	전세권의 경우에는 말소기준권리보다 앞서 설정되었더라도 전세권자가 경매 절차에서 배당요구를 하면 낙찰로 소멸

section 6

대위변제

제3자 또는 이해관계자가 채무자 대신 채무를 갚고 채무자에 대한 채권자의 채권을 갖는 것을 말한다.

기존에 채권자가 갖고 있던 채권에 관한 권리(채권·담보권 등)가 변제자에게 이전되는 것이다. 부동산 경매에서 대위변제가 가끔 발생한다. 예를 들어 해당 부동산에 1순위 근저당권으로 설정된 액수가 얼마 되지 않을 경우, 후순위 임차인이 이 금액을 대신 갚아주고 1순위를 확보하는 경우가 가끔 있다.

따라서 부동산에 관한 권리를 살펴볼 때, 1순위 채권액이 소액이고 후순위 채권이 큰 경우에는 대위변제가 발생할 가능성이 있으므로 주의해야 한다.

죽었던 대항력이 되살아나는 대위변제는 매수인이 소유권을 취득하는 시점인 대금납부 기일까지 가능하기 때문에 대위변제가 가능하다고 판단되면 잔금을 내는 시점까지 긴장의 고삐를 늦추면 안 된다.

예 1. 2006. 05. 15. 근저당 10,000,000원 국민은행
   2. 2016. 04. 10. 세입자 전입신고 + 확정일자 170,000,000원
   3. 2017. 05. 10. 경매입찰기일

이 경우에 말소기준권리는 2006. 5. 15. 국민은행 근저당이며, 세입자는 선순위 근저당권 때문에 임차보증금 전액을 받지 못하는 경우가 생긴다. 이때 세입자가 말소기준권리인 선순위 근저당 1천만 원을 대위변제하면 선순위로서 임차보증금 전액을 받을 수 있다.

section 7

제시외물건

경매신청 목록에는 없으나 실제는 존재하는 건축물대장에 없는 건물로서 무허가, 사용승인이 미필인 경우 증·개축된 부분이나 부속물, 종물을 제시외물건이라 한다.

1. 제시외건물이 경매대상에 포함되어 매수인의 소유가 되는 경우

(해당 낙찰물건과 독립되었다고 볼 수 없는 경우이다.)

(1) 건물의 증·개축된 부분 또는 미등기되어 있는 부속물 등
(2) 단축 건물 위에 증축이 된 2층, 옥탑, 또는 지하구조물
(3) 땅속에 부설되어 있는 유류저장탱크, 주유소의 주유기 등
(4) 화장실, 목욕탕, 창고 등
(5) 경매의 대상이 된 토지 위에 생립하고 있는 채무자 소유의 미등기 수목(=정원수)

2. 제시외물건은 현장 조사 시 필수적 체크 사항

'제시외'라는 것은 때에 따라 매수인에게 굉장히 어렵고 난해하고 치명적으로 손해를 끼치는 결과를 가져오기도 하고, 반대로 제시외의 난해함으로 인해 응찰자는 줄고 저가낙찰을 받아 온전히 자신의 소유가 되기도 한다.

결국 이 제시외에 대한 부분은 방심해서는 안되며, 현장 조사 시 필수적 체크사항이다.

이 '제시외물건'이 경매의 목적물에 포함되는지, 즉 매수인이 그 소유권을 취득하는지가 문제된다.

3. 제시외물건의 해결방법

제시외물건의 해결 방법을 알기 위해서는 종물이 무엇인지를 알아야 한다. 제시외물건이 종물이나 부합물인 경우에는 매수인이 같이 매수하는 결과가 되지만 독립된 물건이라면 매수인의 소유가 되지 못한다.

즉 제시외건물이 부합물 또는 종물에 해당할 경우 매수인은 제시외건물의 소유권을 취득한다. 부합물 또는 종물이 아닐 경우에는 법정지상권의 문제를 고려해야 하고, 법정지상권의 문제가 없을 경우 그 물건을 매입하거나 건물철거소송 등으로 해결해야 한다.

1) 부합물
목적부동산을 훼손하거나 과다한 비용을 지출하지 않고서는 분리할 수 없을 정도로 부착 합체된 물건
- (1) 토지 부합물 : 정원석, 정원수, 돌담, 수목 등
- (2) 건물 부합물 : 부엌, 창고, 건물에 증축한 방, 옥외 화장실, 공장에 딸린 창고, 옥탑방 등(건물의 증축 부분은 독립적 기능 : 기존건물과는 별도로 만든 출입구 및 화장실 등을 갖추지 못하는 한 부합물)

2) 종물
일정한 물건에 부속되어 주물의 사용에 도움을 주는 물건. 농장의 부속시설이나 주택 및 축사, 과수원의 창고나, 관리사
- (1) 주물의 상용에 이바지할 것
  종물은 주물의 상용에 이바지하는 관계에 있어야 하고, 주물의 상용에 이바지한다는 것은 주물 그 자체의 경제적 효용을 다하게 하는 것을 말하는 것으로서, 주물의 소유자나 이용자의 상

용에 공여되고 있더라도 주물 그 자체의 효용과 직접적인 관계가 없는 물건은 종물이 아니라 할 것이다. 따라서 책상, TV, 난로 등은 가옥의 종물이 될 수 없다.

(2) 장소적 밀집성
주물과 종물은 장소적으로 밀집해야 한다. 그러나 일시적으로 분리하여도 종물성을 잃지는 않는다.

(3) 독립한 물건이어야 한다.
종물은 주물의 구성부분은 아니며, 법률상 독립한 물건이다.
예컨대 배와 노, 주택과 딴채의 창고는 각각 독립한 물건이며, 주물과 종물의 관계에 있다. 그러나 정화조는 건물의 구성부분이지 종물이 아니고, 토지에 심어져 있는 수목도 그 토지의 일부이지 종물이 아니다.
또한 주물, 종물 모두 부동산이건 동산이건 상관없다.

(4) 동일 소유자에게 속해야 한다.
① 다른 소유자에게 속하는 물건 사이에 주물, 종물의 관계를 인정하면 주물의 처분으로 종물에 대한 제3자의 권리를 침해할 우려가 있기 때문이다.
예컨대 판례는 횟집으로 사용하는 점포 건물에 거의 붙여서 횟감용 생선을 보관하기 위하여 따로 신축한 수족관 건물은 위 점포 건물의 종물이라고 하였다. 또한 판례는 백화점 건물의 지하 2층 기계실에 설치되어 있는 전화교환 설비는 위 백

화점의 종물이라고 하였고, 낡은 가재도구 등의 보관 장소로 사용되고 있는 방과 연탄창고는 본채에서 떨어져 축조되어 있다고 하더라도 각각 본체의 종물이라고 하였다. 이러한 종물은 주물의 처분에 따른다는 것이 민법의 규정이다.

② 그러므로 경매를 통하여 주물의 소유권을 취득하면 종물에 대한 소유권도 취득하게 되는 것이다. 실제 토지 위에 존재하나 등기되지 않은 건물 중에서 등기된 건물을 위하여 존재하는 건물인 종물(분리하여 생각할 수 없는 건물), 즉 화장실 같은 것은 주물인 등기된 건물의 처분에 따르므로 낙찰자의 소유가 되지만, 별도의 용도로 등기된 건물의 종물이 아닌 건물은 이 사건 낙찰자가 소유권을 취득할 수 없다.

즉 미등기 건물이 종물인지 여부에 따라 소유권에 대한 분쟁이 일어날 수 있다. 특히 미등기 건물이 등기된 건물의 종물이 아니라면 당연히 낙찰자가 소유권을 취득할 수 없으므로 법정지상권에 대한 분쟁이 예상되며 법정지상권의 성립요건을 따져서 판단해야 한다.

③ 이러한 법리는 종된 권리에 관해서도 마찬가지이다. 예컨대 지상권에 기하여 타인의 토지 위에 있는 건물이 경매된 경우, 그 매수인은 건물의 소유권뿐만 아니라 지상권도 함께 취득한다. 즉 저당권의 효력은 저당부동산에 부합된 물건이나 종물에 대해서도 미친다.

따라서 공장건물이나 토지에 관하여 민법상의 일반저당권

이 설정된 경우, 그 저당권의 실행으로 매수한 자는 그 공장 건물이나 토지의 종물 또는 부합물의 소유권도 취득한다. 마찬가지로 갑 소유의 토지에 을이 지상권을 설정받아 건물을 신축하고, 그 건물에 을이 병을 위하여 저당권을 설정한 경우, 병의 저당권 실행으로 그 건물을 낙찰받은 정은 특별한 사정이 없는 한 지상권도 취득한다.

3) 토지 위에 수목이 있는 경우에는 항상 주의해야 한다.

만일 목적 토지 위에 과수나 기타 수목이 있는 경우에는 관할 등기소에 들러서 입목등기가 되어 있는지 확인해야 한다.

입목등기가 되어 있지 않다면 그 수목들은 따로 명인방법을 갖추고 있지 않는 한 그 토지의 일부에 지나지 않으므로 매수인은 토지와 함께 그 수목들의 소유권도 취득하게 되므로 문제가 되지 않는다.

그러나 입목등기가 되어 있고 그 등기부상의 입목소유자가 토지의 소유자와 같은 사람이라면, 토지를 낙찰받아 소유권을 취득하게 되는 경우에 그 입목을 위한 법정지상권이 생겨나게 된다.

4) 매수인의 소유가 되지 않는 경우

(해당 낙찰물건과 독립될 수 있는 구조물이다.)

(1) 독립된 건축물대장을 가지고 있는 건물
(2) 소유자가 다른 건물
(3) 물리적 기능적으로 독립된 건물
(4) 전체 평가액에서 너무 큰 비중을 차지하는 독립된 건물
(5) 입목등기나 명인방법을 갖춘 수목

5) 제시외물건 입찰 시 접근 방법

(1) 제시외물건이 있는 경매 사건의 경우 그 제시외건물이 경매대상 부동산에 포함되는지부터 먼저 확인해보고 감정평가금액에 포함되어 있는지 확인해야 한다. 대법원이 제공하는 특이사항, 주의사항, 매각물건명세서 등을 살펴보면 이를 확인할 수 있다.

(2) 감정평가액에 포함되어 있다면 위반 건축물 여부를 확인하여, 건축물관리대장에 등재 안 된 이유가 무엇인지 확인해야 한다.

(3) 제시외건물이 경매대상 부동산에서 제외된 물건이지만 이를 꼭 매수해야 하는 경우에는 소유주를 찾아가 직접 협의해 매입하는 것이 가장 좋은 방법이다.

이것이 불가능할 경우에는 해당 물건이 경매대상 부동산의 부합물 또는 종물에 해당하는지, 만약 부합물이나 종물에 해당하지 않을 경우 법정지상권의 문제는 없는지를 차례대로 따져 입찰 여부를 결정해야 한다.

section 8

'토지별도등기 있음'

집합건물은 토지와 건물이 일체가 되어 한 개의 등기부가 존재해야 하지만, 각각 토지와 건물의 등기부가 존재한다는 것이다.

1. 집합건물

집합건물은 1동의 건물 중 구조상 구분된 수 개의 부분이 독립한 건물로서 사용될 수 있는 건물을 말한다.

집합건물은 아파트, 연립주택, 다세대주택, 아파트형공장, 오피스텔 등 다양하다.

건물을 짓기 전에 토지에 저당권 등 제한물권이 있는 경우 토지와 건물의 권리관계가 일치하지 않으므로 건물 등기부에 "토지에 별도의 등기가 있다"는 표시를 하기 위한 등기를 말한다.

토지별도등기가 되어 있는 부동산에 경매가 진행되는 이유는 대개 건설회사가 땅을 담보로 설정하고 돈을 빌려 공동주택을 지은 다음, 저당권을 풀고 세대별로 토지등기를 해줘야 하는데 부도가 난 경우이다.

2. 토지별도등기는 말소되지만 대항력 임차인의 보증금을 인수하는 경우

토지별도등기는 말소되지만 대항력 임차인의 보증금을 인수하는 경우가 있으니 주의해야 한다.

1) 토지별도등기 검토 시 주의할 점

  (1) 감정평가서에 건물과 토지가 동시에 감정이 되어 있는지 살펴본다.
  (2) 매각물건명세서나 대한민국 법원 경매정보 홈페이지에서 토지별도등기를 낙찰자가 인수한다고 나와 있는지 확인한다.
  인수조건이 붙어 있는 구분 건물 매각 시
   ① 토지 위의 저당권은 말소되지 않고 그대로 존속하게 되며

② 토지의 저당권자가 경매신청 시 지료를 지불해야 하고, 최악의 경우 건물이 철거당하는 상황이 발생한다.

'토지별도등기 인수'라는 말이 없으면 별도등기 말소하여 정상적인 대지권 설정이 된다.

(3) 토지별도등기권자의 배당요구 여부를 확인한다.
(4) 토지등기부등본을 발급받아 지상권 선순위가처분, 선순위가등기 등이 설정되었는지 확인한다.

반드시 토지등기부동본을 별도로 떼어보고, 매각물건명세서상에서 등기된 사항(인수되는 권리가 있는지)을 확인한 뒤 입찰에 응해야 한다.

(5) 토지 저당 〉 임차인 〉 건물 저당의 순이면 임차인은 대항력이 있으므로 그 보증금을 인수할 가능성이 있다.
- 세입자는 건물의 저당일을 기준으로 대항력을 판단, 토지 저당 이후 건물 저당 이전에 전입한 세입자라면 건물의 낙찰가에서만 배당되고 미배당금은 낙찰자가 인수한다.

(6) 대지권의 분리처분 규약이 있는지 확인한다.

분양회사의 분양계약서나 아파트 관리사무소의 관리규약으로 확인 가능하다.

분리처분 규약이 있다면 조심해야 한다.

2) 토지등기부등본을 확인하여 다음과 같은 경우는 안심해도 된다.
(1) 토지별도등기가 있어 토지등기부등본을 확인해도 실제 토지등기부등본의 저당권은 모두 말소되었을 때, 즉 토지 위에 실제로는 아무런 권리가 남아있지 않은데 말소만 안 된 때가 있다.

(2) 응찰하려는 같은 호수가 기경매로 인하여 토지저당권이 말소되었을 때
(3) 다른 호수들이 기경매로 토지별도등기가 지워져 있을 때
(4) 최초 토지근저당권자의 토지 저당금액이 건물이 지워진 뒤 건물에 똑같은 금액으로 이중 근저당 설정되었을 때
(토지 위의 권리자가 같은 내용의 채권으로 건물에도 권리를 설정한 경우가 많이 있다.)

3) 토지별도등기가 있는 경우

법원에서는 토지에 대한 저당권을 낙찰자가 인수한다는 특별매각조건을 붙이거나, 인수조건을 붙이지 않고 토지저당권자로 하여금 채권신고를 하게 하여 그중 경매대상 구분건물의 대지권 비율만큼 토지저당권을 말소시킨다.

이때 토지저당권자는 건물의 낙찰대금에 대해서는 우선변제를 받을 수 없다.

4) 법원은 토지 위의 관리자에게 채권신고를 하게 하고, 낙찰되면 배당하고 해당되는 권리를 말소한다.

5) 토지별도등기를 인수하는 특별매각 조건이 없으면 대체로 문제가 없다.

단, 토지의 권리에도 배당이 나가므로 선순위 임차인이 있을 경우 임차보증금의 일부 인수에 유의해야 한다.

6) 배당

감정평가서에 대지권과 건물의 가격을 분리해 감정하고, 낙찰 금액을 대지권과 건물의 감정가 비율로 배분하여 대지권에 해당하는 배분액을 토지저당권자 등에게 배당한다.

7) 말소

구분건물의 대지권에 해당하는 지분에 '별도등기'라는 취지의 등기가 있으며, 이는 촉탁으로 말소된다.

8) 토지별도등기가 인수되는 경우

매각물건명세서의 비고란에 "토지에 대한 별도 등기를 매수인이 인수해야 한다"는 특별매각 조건으로 진행한다. 선순위 임차인이 있는 경우 예상 배당표를 작성하여 선순위 임차인의 보증금을 인수할 가능성을 계산한 뒤 입찰 여부를 결정해야 한다.

section 9

대지권 미등기

1. 대지사용권

집합건물의 구분 소유자가 건물의 전유 부분을 소유하기 위하여 대지에 대하여 가지는 권리를 말한다.

대지사용권 중 건물과 분리하여 처분할 수 없는 것을 대지권이라고 한다.

2. 대지권 성립요건
1) 구분건물 존재
2) 대지사용권 존재
3) 소유권과 대지사용권 시점 관계없이 동일인에게 1회 동시 존재
대지권이 성립된 이후에는 대지권이 구분건물에 대한 종된 권리로서 구분건물의 처분에 따라 함께 이전한다.
　대지권을 취득하기 위해 미지급한 분양대금을 부담해야 하는 경우가 있다.

3. 대지권미등기 사유 중 문제없는 경우
1) 건물 준공 당시 토지의 구획정리사업이 완료되지 않아 건물등기만 먼저 한 경우
2) 구분소유자별 대지권이 확정되지 않아 미등기된 경우
3) 수분양자의 사정으로 미등기된 경우

4. 대지권 없음
대지지분이 아예 없는 아파트를 말한다. '대지권 미등기'인지 '대지권 없음'인지는 감정평가서를 보면 구분할 수 있다.
　대지권 미등기는 감정평가액 중 대지지분의 평가액을 포함하고, 대지권 없음은 감정평가액이 건물 부분만으로 구성되어 았다.

section 10

잉여주의

'잉여주의'란 경매신청채권자에게 배당될 배당액이 있어야 경매를 진행한다는 원칙이다.

1) 최저매각가를 기준으로 경매비용과 경매신청채권자보다 우선하는 저당권, 전세권 등 채권을 변제하면 잉여가 없다고 인정한 때에는 법원은 경매신청채권자에게 무잉여 사실을 통지하게 되는데, 경매신청채권자가 이 통지를 받은 날로부터 1주일 내에 우선채권 등을 넘는 가격을 정하여 매수신고가 없을 때에는 스스로 그 가격으로 매수하겠다고 신청하면서 충분한 보증을 제공하지 않으면 법원 직권으로 경매 절차를 취소하게 된다.

2) '채권자매수신청'이 바로 '잉여주의'와 관련이 있는 대목이다.
만일에 법원이 무잉여 사실을 간과하고 채권자매수신청이 없이 경매가 속행되어 다른 입찰자에게 낙찰되었다 하더라도 그 매수신청 가격이 여전히 무잉여라면 매각이 불허가 되고 종국에는 경매가 취소될 수밖에 없다.

3) 최저매각가격이 경매신청자의 채권에 우선하는 다른 채권자들 채권총액에 미달되는 경우에는 그대로 경매를 속행하지 못한다.

chapter 3
누구나 알고 있어야 할 임차권의 세계

임차권은 부동산 임대차계약에 의하여 임차인이 임차물을 사용하고 수익할 수 있는 권리이다.
임차권은 채권이므로 사용, 수익할 수 있는 권리만 있을 뿐 제3자에게 대항력이 없으므로 전세권 등기를 하여 제3자에게 대항력을 갖추는 게 좋다.
그러나 부동산 소유자는 자기 소유권에 전세권 등의 등기를 설정해주는 것을 꺼려함으로 대안으로 나온 것이 임차인을 보호하는 주택임대차보호법과 상가임대차보호법이다.
전입신고와 확정일자를 받으면 임차권은 채권이 아닌 물권과 같은 효력(준물권)을 갖게 된다.

1. 주택임대차보호법

1) 대항력

(1) 뜻 : 대항력이란 부동산 경매를 통하여 주택소유권의 변동이 생기더라도 존속기간의 보장을 받으며 보증금도 새로운 소유자에게 이전된다는 의미이며, 대항력은 낙찰되어, 소유권이 이전되더라도 집을 비워주지 않아도 되는 강력한 권리이다.

(2) 요건 : 전입신고와 점유

임차인이 주택의 인도와 전입신고를 마친 경우 그 익일(다음 날 0시)부터 제3자에게 대항력이 생긴다.

대항력 있는 임차인은 두 가지 권리를 갖고 있는데 하나는 임대차 계약기간 동안 거주할 수 있는 권리, 다른 하나는 보증금을 전액 돌려받을 수 있는 권리이다.

임차권의 대항력을 주장하기 위해서는 임차권 대항요건을 갖춘 시기가 그 주택의 말소기준권리보다 앞서야 한다.

(3) 주의해야 할 대항력
① 전 소유자가 임차인일 경우 : 전 소유자가 현 소유자에게 소유권 이전한 다음 날 0시부터 대항력
② 건물과 토지의 근저당권 설정일이 다른 경우 : 건물만을 기준으로 한다.
경매에서 선순위, 후순위를 결정짓는 권리분석의 대상은 오로지 주택이지 토지가 아님을 명심해야 한다.
③ 임차인이 임대차기간 도중에 다른 곳으로 주민등록을 이전하였다가 다시 재전입한 경우에는 새로 전입한 날짜가 대항력 발생 기준일이 된다.

2) 우선변제권

우선변제권이란 임차주택이 경매 또는 체납처분 등에 의하여 매각됨으로써 임대차 관계가 소멸될 경우 임대차의 종료로 인하여 발생하는 보증금반환채권을 임차주택의 환가대금으로부터 후순위 권리자, 기타

채권자보다 우선하여 변제받을 수 있는 권리이다.
(1) 요건 : 대항력 요건(주택의 인도 + 주민등록전입) + 확정일자
배당요구종기일까지 대항력 요건을 존속시켜야 한다.
즉 배당요구종기일까지 전출을 하면 안 된다.

(2) 발생 시점 : 대항력 요건의 기준 시점과 확정일자 중 늦은 날
우선변제권 발생 시점에 따른 대항력 여부
① 전입 > 확정일자 = 근저당권
배당은 안분하나 임차인은 대항력이 있으므로 부족분은 낙찰자가 인수.
② 전입 = 확정일자 = 근저당권
우선변제권 없음. 대항력도 없음.
③ 전입 = 근저당권 > 확정일자
우선변제권 없음. 대항력 없음.

(3) 확정일자
일반적으로 확정일자는 읍·면·동 주민센터에서 전입신고할 때 계약서에 확정일자를 받는 방법이 주로 이용되고 있다.
임대차계약서의 확정일자는 임대인의 동의 없이 임차인 또는 계약서 소지인이 언제든지 계약서 원본을 제시하고 구두로 청구하면 받을 수 있고, 수수료는 1건당 현재 600원이다.

3) 소액임차인 최우선변제권
최우선변제권이란 소액임차인의 보증금 중 일정액을 다른 담보물권자

보다 우선해서 변제받을 권리이다.

(1) 소액임차인과 선순위 저당권 설정일과의 관계

선순위 근저당설정일	지역 구분	보증금	최우선변제액
2016. 03. 31 ~ 현재	서울특별시	1억 원 이하	3,400만 원까지
	수도권 중 과밀억제권역	8,000만 원	2,700만 원까지
	광역시 / 세종시 (과밀억제권역과 군지역 제외) 김포, 광주, 용인, 안산시	6,000만 원	2,000만 원까지
	그 밖의 지역	5,000만 원	1,700만 원까지
2014. 01. 01. ~ 2016. 03. 30.	서울특별시	9,500만 원	3,200만 원까지
2014. 01. 01. ~ 2016. 03. 30.	수도권 중 과밀억제권역	8,000만 원	2,700만 원까지
	광역시 (과밀억제권역과 군지역 제외) 김포, 광주, 용인, 안산시	6,000만 원	2,000만 원까지
	그 밖의 지역	4,500만 원	1,500만 원까지
2010. 07. 26. ~ 2013. 12. 31	서울특별시	7,500만 원	2,500만 원 까지
	수도권 중 과밀억제권역	6,500만 원	2,200만 원까지
	광역시 (과밀억제권역과 군지역 제외) 김포, 광주, 용인, 안산시	5,500만 원	1,900만 원까지
	그 밖의 지역	4,000만 원	1,400만 원까지

2008. 08. 21. ~ 2010. 07. 25	수도권 중 과밀억제권역	6,000만 원 이하	2,000만 원까지
	광역시 (군지역과 인천시 지역 제외)	5,000만 원 이하	1,700만 원까지
	기타 지역	4,000만 원 이하	1,400만 원까지
2001. 09. 15. ~ 2008. 08. 20	수도권 중 과밀억제권역	4,000만 원 이하	1,600만 원까지
	광역시 (군지역과 인천시 지역 제외)	3,500만 원 이하	1,400만 원까지
	기타 지역	3,000만 원 이하	1,200만 원까지

(2) 과밀억제권역

① 서울특별시

② 인천광역시 중 제외 지역

- 강화군, 옹진군, 중구 운남동·운복동·운서동·중산동·남북동·덕교동·을왕동·무의동, 서구 대곡동, 불로동, 마전동, 금곡동, 오류동, 왕길동, 당하동, 원당동, 연수구 송도 매립지, 남동 유치지역

③ 기타 지역 중 포함 지역

- 의정부시, 구리시, 남양주시(호평동, 평내동, 금곡동, 일패동, 이패동, 삼패동, 가운동, 수석동, 지금동, 노동동에 한함), 하남시, 고양시, 수원시 성남시, 안양시, 부천시, 광명시, 과천시, 의왕시, 군포시, 시흥시(반월 특수지역 제외)

(3) 소액임차인 최우선변제권의 요건

① 보증금이 소액일 것.

② 선순위 담보물권 설정일 당시의 기준금액 이하여야 할 것.
선순위 담보물권이 말소기준권리를 말하는 것은 아니다.
말소기준권리에서 (근)저당권, 담보 가등기, 전세권을 말하며, 압류와 가압류는 소액임차인 판단 여부를 판단하는 기준등기가 아니다.
근저당권이나 담보 가등기가 설정되어 있지 않으면 경매개시결정등기가 기준이 된다.
③ 경매개시결정등기 전에 대항력을 갖추고 있을 것.
경매개시결정기입등기일까지 해당 부동산에 전입한 임차인 중 말소기준권리일 현재 보호 범위 이하의 임차보증금을 가진 임차인이다.
④ 배당요구종기일까지 배당요구를 할 것.
배당요구종기일 이전까지 경매법원에 배당요구를 해야 한다. 확정일자 유무는 상관없으며 주민등록 전입 유지기간은 배당요구종기일까지다.
낙찰금액의 1/2 범위 내에서 배당된다.
- 소액임차인 판단기준등기 '순위 상승의 원칙'이 발생
소액임차인이냐 아니냐의 판단 기준 등기는 때와 장소에 따라 변할 수 있지만 한 번 말소기준등기는 영원하다.

(4) 확정일자임차인은 경매개시결정등기 후에 대항력 요건을 갖추어도 우선변제권을 인정하나, 소액임차인은 경매개시결정등기 전까지 대항력 요건을 갖추어야 최우선변제권이 인정된다.

4) 대항력과 (최)우선변제권의 비교

구분	개념	요건	효과
대항력	집주인이 바뀌어도 임차기간 및 보증금을 반환받을 때까지 계속 살 수 있는 권리	① 주택의 입주 ② 주민등록 전입	보증금 전액에 대해 소유자, 매수인에게 대항
우선변제권	후순위 권리자보다 우선하여 보증금을 변제받을 수 있는 권리	① 주택의 입주 ② 주민등록 전입 ③ 계약서상 확정일자	보증금 전액을 순위에 의해 우선변제
최우선변제권	선순위 권리자보다 우선해 소액보증금을 변제받을 수 있는 권리	경매개시기입등기 전에 ① 주택의 입주 ② 주민등록 전입 ③ 보증금 소액	보증금 중 일정액을 최우선변제

5) 선순위 임차인(반드시 전입세대 열람)

경매 부동산에 존재하는 세입자를 대항력 있는 선순위 세입자, 대항력 없는 선순위 세입자, 대항력이 있는 후순위 세입자, 대항력이 없는 후순위 세입자등 4가지로 구별해 분석하면 권리분석이 수월하다.

■ 선순위 임차인(반드시 전입세대 열람)

① 세 들어 살고 있는 선순위 임차인
② 후순위로 알고 응찰했는데 사실은 선순위
③ 전입은 선순위, 확정일자는 나중으로 배당요구는 했지만 배당받지 못해 낙찰자에게 덤터기 씌우는 임차인
④ 주민등록 전입, 확정일자 모두 선순위이지만 배당요구를 배당요구종기일이 지난 다음에 해서 배당받지 못해 낙찰자에게 덤터기 씌우는 임차인

6) 선순위 전입자이면서 배당요구를 하지 않은 경우

(이런 경우 조사를 제대로 하면 예상외의 소득을 얻을 수 있다.)

(1) 주민센터에서 주민등록 전입세대 열람

(물건소재지 주민센터가 아니어도 가능)

(2) 채권자 접촉, 금융기관에 무상임대차각서의 존재 유무를 알아본다.

(3) 관리사무소, 인근 중개업소를 방문하여 진정 임차인 여부를 탐문한다.

(4) 이웃 주민들을 확인한다.

7) 허위로 임대차계약서를 작성하여 배당을 받아가는 행위

실제 임대차 관계가 없음에도 최우선변제 자격이 있는 것처럼 허위로 임대차계약서를 작성하여 배당을 받아가는 행위는 형법상 사기죄와 강제집행면탈죄이다.

(1) 형법 제347조(사기)

사람을 기망하여 재물의 교부를 받거나 재산상의 이익을 취득한 자는 10년 이하의 징역 또는 2,000만 원 이하의 벌금에 처한다.

(2) 형법 제327조(강제집행면탈죄)

강제집행을 면할 목적으로 재산을 은닉, 손괴, 허위양도 또는 채무를 부담하여 채권자를 해한 자는 3년 이하의 징역 또는 1,000만 원 이하의 벌금에 처한다.

(3) 형법 제315조(경매, 입찰의 방해)

위계 또는 위력 기타 방법으로 경매 또는 입찰의 공정을 해한 자는 2년 이하의 징역 또는 700만 원 이하의 벌금에 처한다.

8) 주택임차권(전입일자 + 확정일자)이 전세권보다 유리한 점
    (1) 전세권은 설정비용을 세입자가 부담하며, 설정에 소유자의 동의가 필요하다.
    (2) 전세권은 건물에 대해서만 설정되었으므로 낙찰대금 중에서 건물 부분에 대해서만 배당받는다.
    단, 집합건물의 경우에는 전세권자도 대지의 낙찰대금에서 배당을 받기 때문에 차이가 없다.
    (3) 주택임차인은 보증금이 소액일 경우 최우선변제를 받을 수 있다. 반면 전세권에는 최우선변제 제도가 없다.
    (4) 선순위 임차인은 어떤 경우이든 보증금의 전액 보호가 가능하다. 반면 배당요구한 선순위 전세권자는 배당 과정에서 부족분이 발생했더라도 이를 낙찰자에게 인수시킬 수 없으므로 전세권은 일정 부분 손실이 발생할 수도 있다.

9) 법인에 주택임대차보호법이 적용되는 경우
    (1) 한국토지주택공사, 주택사업을 목적으로 설립된 지방공사
    (2) 중소기업기본법에 따른 중소기업에 해당하는 법인이 소속 직원의 주거용으로 주택을 임차한 뒤 그 법인이 선정한 직원이 해당 주택을 인도받고 주민등록을 마쳤을 때. 임대차가 끝나기 전에 그 직원이 변경된 경우에는 그 법인이 선정한 새로운 직원이 주택을 인도받고 주민등록을 마친 다음 날부터 제삼자에 대하여 효력이 생긴다.

2. 전세권

1) 존속기간

최장기 10년을 넘는 기간을 정할 수 없으며, 기간을 1년 미만으로 정한 경우는 1년으로 본다.

2) 선순위 전세권이 소멸하는 경우

(1) 전세권자가 경매를 신청하였을 때
(2) 전세권자가 배당요구를 하였을 때

3) 단독주택은 건물 일부에 설정된 전세권으로 건물 전체에 대하여 경매신청을 할 수 없다.

3. 상가임대차보호법

1) 대항력 : 전입신고와 점유

상가임차인의 대항력이란 임차인이 상가건물에 입점을 하고 관할 세무서에 사업자등록을 신청한 날 그 다음 날(익일)부터 제3자에 대하여 대항할 수 있는 힘이다.

상가임차인이 건물의 인도와 사업자등록을 신청한 때에는 임대인을 비롯한 그 이후의 제3자에 대하여 임대차 기간 동안 그 건물에서 영업을 계속할 수 있는 대항력을 취득하게 된다.

2) 우선변제권 : 대항력 + 확정일자

사업자등록을 신청하고 상가건물의 소재지 관할 세무서에서 임대차계약서 원본에 확정일자인을 받으면 된다.

기존 사업자인 경우 사업자등록증 원본, 임대차계약서 원본, 건물의 일부를 임차한 경우는 해당부분 도면, 본인 신분증을 구비하여 관할 세무서에 사업자등록정정신고서를 작성, 제출하면 된다.

신규 사업자는 사업허가증, 등록증, 신고필증 사본, 임대차계약서 원본, 건물의 일부를 임차한 경우는 해당 부분 도면, 본인 신분증을 구비하여 관할 세무서에서 사업자등록신청서를 작성, 제출하면 된다.

3) 소액임차인 최우선변제권

선순위 근저당설정일	지역 구분	적용보증금 범위 (환산보증금)	최우선변제액
2018.01.26. ~	서울특별시	6억 1천만원	6,500만 원
			2,200만 원까지
	과밀억제권역 + 부산	5억 원	5,500만 원
			1,900만 원까지
	광역시(부산, 인천 제외) 김포·광주·용인·안산· 세종·파주·화성	3억 9천만 원	3,800만 원
			1,300만 원까지
	그 밖의 지역	2억 7천만 원	3,000만 원
			1,000만 원까지
2015. 05. 13. ~	대항력은 모든 상가건물의 임대차에 적용됨		
2014. 01. 01. ~ 현재	서울특별시	4억 원 이하	6,500만 원
			2,200만 원까지
	수도권정비계획법에 따른 과밀억제권역	3억 원 이하	5,500만 원
			1,900만 원까지
	광역시 (과밀억제권역 및 군지역 제외) 김포시, 광주시, 용인시, 안산시	2억 4천만 원 이하	3,800만 원
			1,300만 원까지
	그 밖의 지역	1억 8천만 원 이하	3,000만 원
			1,000만 원까지

선순위 근저당설정일	지역 구분	적용보증금 범위 (환산보증금)	최우선변제액
2010. 07. 26. ~ 2013. 12. 31	서울특별시	3억 원 이하	5,000만 원
			1,500만 원까지
	수도권정비계획법에 따른 과밀억제권역	2억 5천만 원 이하	4,500만 원
			1,350만 원까지
	광역시 (과밀억제권역 및 군지역 제외)	1억 8천만 원 이하	3,000만 원
			900만 원까지
	그 밖의 지역	1억 5천만 원 이하	2,500만 원
			750만 원까지
2008. 08. 21. ~ 2010. 07. 25	서울특별시	2억 6천만 원 이하	4,500만 원
			1,350만 원까지
	과밀억제권역	2억 1천만 원 이하	3,900만 원
			1,170만 원까지
2008. 08. 21. ~ 2010. 07. 25	광역시 (군지역 및 인천광역시 제외)	1억 6천만 원 이하	3,000만 원
			900만 원까지
	그 밖의 지역 (수도권 기타 지역 포함)	1억 5천만 원 이하	2,500만 원까지
			750만 원까지
2008. 08. 21. ~ 2010. 07. 25	서울특별시	2억 6천만 원 이하	4,500만 원
			1,350만 원까지
	과밀억제권역	2억 1천만 원 이하	3,900만 원
			1,170만 원까지
	광역시 (군지역 및 인천광역시 제외)	1억 6천만 원 이하	3,000만 원
			900만 원까지
	그 밖의 지역 (수도권 기타 지역 포함)	1억 5천만 원 이하	2,500만 원까지
			750만 원까지
2002. 11. 01. ~ 2008. 08. 20	서울특별시	2억 4천만 원 이하	4,500만 원
			1,350만 원까지
	과밀억제권역	1억 9천만 원 이하	3,900만 원
			1,170만 원까지

광역시 (군지역 및 인천광역시 제외)	1억 5천만 원 이하	3,000만 원
		900만 원까지
그 밖의 지역 (수도권 기타 지역 포함)	1억 4천만 원 이하	2,500만 원까지
		750만 원까지

(1) 과밀억제권역

① 서울특별시

② 인천광역시 중 제외지역

- 강화군, 옹진군, 중구 운남동·운복동·운서동·중산동·남북동·덕교동·을왕동·무의동, 서구 대곡동, 불로동, 마전동, 금곡동, 오류동, 왕길동, 당하동, 원당동, 연수구 송도 매립지, 남동 유치지역

③ 기타 지역 중 포함지역

- 의정부시, 구리시, 남양주시(호평동, 평내동, 금곡동, 일패동, 이패동, 삼패동, 가운동, 수석동, 지금동, 노동동에 한함), 하남시, 고양시, 수원시 성남시, 안양시, 부천시, 광명시, 과천시, 의왕시, 군포시, 시흥시(반월 특수지역 제외)

(2) 조건

① 건물에 대한 경매신청의 등기 전에 사업자등록을 신청하여야 한다.

② 우선 변제를 받을 임차인 및 보증금 중 일정액의 범위와 기준은 임대건물가액의 2분의 1범위에서 배당된다

chapter 4
부동산 경매의 성패를 가르는
물건별 현장 조사(임장)

물건 종류에 따라서 현장 조사 때 중점적으로 봐야 될 부분이 다르므로 물건별로 구분해서 살펴본다.

section 1

아파트

아파트는 부동산 경매에서 가장 인기 있는 물건이다. 누구든지 조금만 공부하고 노력한다면 경매 입찰해서 낙찰까지 실수 없이 해낼 수 있다. 그러나 진입 장벽이 낮아서 누구든지 접근 가능하여 경쟁률도 높고, 자칫 중개업소를 통해 매입할 수 있는 급매물보다 더 비싼 가격에 취득할 수 있으므로 시세 조사를 철저히 해야 한다.

1. 전입세대 열람

경매정보 사이트에서 해당 경매사항을 출력하거나 등기부등본을 징취하여 주민센터에 가면 전입세대 열람이 가능하다.

  전입세대 열람을 통하여 현재 전입자가 소유자인지 임차인인지 파악할 수 있으며, 전입세대 열람 시 세대주의 전입일자뿐 아니라 그 세대 최초 전입자의 전입일자도 확인해야 한다.

2. 현장 조사

해당 물건에 가서는 주변 편의시설은 제대로 갖춰져 있는지, 지하철역이나 버스 정류장에서 얼마나 떨어져 있는지, 주차는 가능한지, 건물이 노후화되지 않았는지 등을 꼼꼼히 조사해야 한다.

1) 주변 환경 체크

주변 환경을 둘러봐야 한다. 부동산 가격에 직접 영향을 주는 중요한 요인이 환경적 요인이다. 전철역까지의 거리, 버스 정류장, 각종 학교 등 학군, 주변 편의시설, 관공서, 도서관, 복지시설, 공원, 인접지역에 혐오시설은 없는지 등을 체크해야 한다.

2) 명도의 난이도 체크

현재 그 집에 누가 살고 있는지 낙찰 받으면 명도의 어려움이 없는지 등을 주변 탐문을 통해 확인해야 한다.

  이러한 내용을 알기 위해서는 살고 있는 사람을 직접 만나보는 것이 가장 확실한 방법이지만 협조해주는 점유자가 없을 뿐만 아니라 대부분 아파트 입구에 비밀번호가 설정되어 있어 인근 중개업소를 통하거나 관리사무소에서 간접 조사를 하는 방법이 있을 뿐이다.

3. 중개업소 방문 시 대처 요령

중개업소는 해당 경매물건의 가격을 조사해 입찰가를 산정하기 위해 들러야 하는 곳이다. 중개업소의 말을 그대로 들으면 안 된다.

같은 중개업소라도 매입할 때와 매도할 때의 가격 제시가 다르고, 경매물건에 대해서는 직접 방문, 전화 등에 시달려 귀찮아하고 건성으로 말해주거나 아예 모르쇠로 일관하는 경우가 대부분이다.

공인중개사의 경우 많은 사람들을 상대하기 때문에 어떤 목적으로 왔는지 금방 알아채기 때문이다.

그러므로 낙찰받으면 매매나 임대 시 중개를 맡기겠다고 하면서 솔직하게 협조를 구하는 것이 소기의 목적을 달성할 수 있는 지름길이다. 최소 3~4군데 이상 중개업소를 방문해 시세, 급매물 가격, 전·월세 가격 등을 알아봐야 한다.

4. 미납 관리비 등 확인

집합건물은 관리사무소에 들러 미납된 관리비가 있는지 반드시 체크해야 한다. 판례상 미납 관리비 중 공용 부분만 낙찰자가 납부하면 되지만 대개의 경우 관리사무소와의 관계를 고려해 전유 부분까지 낙찰자가 부담하는 경우가 많다.

부담해야 할 연체 관리비를 예상취득가액에 넣어 입찰가격 결정시 활용해야 한다.

아파트에 따라 관리비와 가스비가 각각 부과되는 경우가 있으므로 가스요금도 확인한다. 가스비는 소유권 이전 전까지 사용한 것은 매수인이 부담하지 않지만 거주하는 사람의 성향을 알 수 있으므로 체크해본다.

> **TIP** **현장 조사**
> 1. 교통, 학군, 상권, 주거 형태, 관공서, 대형 마트
> 2. 2베이, 3베이 구분 방법
>   베이란 기둥과 기둥 사이의 한 구획을 말하는 것으로, 집의 전면부 발코니에 접한 거실이나 방의 숫자를 뜻한다.
>   2베이의 경우 전면 발코니를 기준으로 거실과 침실이 위치하는 구조이고, 3베이의 경우 2개의 침실과 거실이 전면 발코니에 접해 있는 구조를 말한다.
>   단기 수익을 목적으로 경매에 참여한다면 1층과 같은 저층 공략, 비역세권, 나홀로 아파트 등과 같은 틈새 시장을 공략하는 것도 하나의 방법이다.

section 2

빌라

빌라는 집합건물로 아파트와 비슷하지만 빌라만의 특성을 알고 현장 조사에 임해야 한다.

1. 입지 분석

현장에 나가서 건물의 노후 정도, 유지보수의 필요성, 도로 여건, 지하철역 유무, 주변 상권, 교육환경, 주거환경 등 입지분석을 한다.

2. 임대수익 파악

아무리 가격을 시세보다 싸게 구입했어도 낙찰 후에 매도나 임대가 힘들다면 부동산에 목돈이 묶이는 결과를 초래할 수 있다.

따라서 반드시 현지 부동산의 매매 정도와 임대수익을 꼼꼼히 살펴 볼 필요가 있다.

3. 주변 상권 및 교통 여건 분석

주변 상권 및 교통 여건을 살펴본다. 역세권 여부, 상권인접 여부, 버스 및 대중교통의 편의 정도는 필수적으로 체크할 사항이다.
이는 입찰 시 낙찰가에 상당한 영향을 끼치므로 반드시 체크해야 한다. 이것은 부동산 시세에도 직접적 영향을 미친다.

4. 건물 노후 체크

건물의 낙찰 시 유지보수비용을 따져보자. 노후된 연립은 저렴하게 매입한 뒤 보수비용만 1천만 원 이상 들어가는 경우가 많으므로 준공 후 10년 이상 경과된 건물은 반드시 노후 정도를 체크해야 한다.

(1) 우선 외벽 상태를 본다.
(2) 도시가스 여부를 살펴봐야 한다.
　다른 세대는 도시가스가 들어와 있으나 경매물건만 도시가스가 설치되지 않은 경우에는 도시가스 설치 비용이 추가로 들어간다.
(3) 새시 상태를 체크한다.
　창문을 유심히 본다. 구조를 볼 수 없다면 창문을 보면 구조를 알 수 있다. 빌라는 되는대로 지은 구조가 많다. 땅 모양대로 지은 집들이 많다. 반듯한 빌라가 제일 좋다.

5. 빌라 가격

(1) 빌라 임장 갈 때는 전봇대에 붙어 있는 빌라 분양 광고지를 보면 동네 빌라 가격을 대충 알 수 있다. 방 몇 개 몇 층 어디쯤에 있는지 확인한다.

빌라의 평형은 고무줄이므로 전용면적을 확인해야 한다.

(2) 빌라는 아파트와 달리 매매 사례가 많지 않고 인근 빌라와 가격을 비교하는 것보다는 빌라의 재료와 튼튼함을 비교하여 가격을 정하는 것이 좋다.

아파트와는 달리 로열층의 개념이 다르다. 일반적으로 빌라의 로열층은 2, 3층이며, 필로티 구조의 빌라는 3층이 로열층이다.

section 3

상가, 근린주택

1. 대상물건의 입찰 여부

상가, 근린상가, 근린주택은 아파트 등에 비해 거래 사례가 거의 없어 정확한 가격을 찾기는 어렵다.

따라서 대상물건의 입찰 여부는

1) 예상 취득금액(낙찰금액, 명도비용, 기타 비용)

2) 상권 및 업종 분석

상권 형성 정도 및 구매력, 주변의 배후단지 조성 여부와 상주인구, 교통편, 유동인구 등의 상권 및 업종 분석

3) 예상 임대료, 주위 시세 및 층별 그리고 위치별 권리금 정도와 시세
4) 세입자들의 명도 및 집단대응 여부.

상가임차인들이 집단대응하는 경우, 그 기간 동안의 금융비용 손실과 많은 명도집행비용을 감수해야 하기 때문에 입찰 전에 상가임차인들의 성향과 배당 여부에 대한 충분한 조사가 필요하다.

2. 돈 되는 경매 상가를 낙찰받기 위한 자세

1) 선입견을 버려라.

경매에서 버려야 할 것이 자신의 얄팍한 지식으로 물건을 지레 판단하는 것이다. 장사가 안 돼 나오는 '찌꺼기'라느니 하면서 혼자서 판단하는 편협된 태도는 지양해야 한다.

상가는 도로 상태와 고객의 접근성, 배후 주민의 구매력 성향 등을 따져봐야 한다. 이 때문에 입찰 전 최소 3회 이상, 매번 1시간 이상 시간을 내 현장 답사를 통해 물건분석을 철저히 해야 한다.

평일과 주말, 오전과 오후 등 여러 번 현장 답사를 통해 유동인구 등을 파악해야 한다.

2) 인근 자영업자의 말을 경청해야 한다.

아무리 부동산 고수라 할지라도 한 지역에서 수년간 영업한 상인들보다 그 지역 사정에 밝을 수는 없다.

인근 상인들과 충분한 시간을 갖고 대화를 하다 보면 최근 영업 환

경부터 권리금 수준, 배후 상권의 성숙도 등을 알아낼 수 있다. 더 정확한 정보를 얻고 싶다면 5~10년 업력의 그 동네 부동산 중개업자를 만나서 대화하는 것이 중요하다.

명심할 것은 세상에 공짜는 없다는 것이다.

3) 한 물건에만 집착하지 마라.

경매에 부쳐지는 상가물건만 해도 매달 서울과 수도권에만 수백 건이다. 따라서 너무 한 개의 물건에만 집중할 필요가 없다. 왜냐하면 한 물건에 집착하다 보면 고가에 낙찰받는 일이 발생한다.

4) 연체된 관리비를 감안하여 입찰

상가의 경우 연체된 관리비가 수천만 원씩 되는 경우가 있다. 상가는 반드시 연체된 관리비를 감안하여 입찰해야 한다.

section 4

공장

공장 경매에 입찰하려는 사람들은 대부분 실수요자가 많으며, 공장이라는 물건의 특수성으로 인하여 입찰 들어가기 전에 꼼꼼하게 살펴야 할 부분이 많다.

1. 기계류의 정확한 가치 판단

일반적으로 경매 입찰 시 공장의 기계기구까지 감정평가액에 포함되어 나오는 경우가 있다. 그러나 기계류에 대한 정확한 가치를 확인하는 것은 대단히 어려운 일이다.

기계류에 대한 정확한 판단이 어려울 경우에는 기계류 가치를 보수적으로 평가하거나 아예 감정평가액에서 기계류 부분 평가액을 빼고 입찰가를 산정해야 한다.

즉 정확한 가치를 확인할 수 없다면 고철로 보고 입찰해야 한다.

또한 가치 있는 기계류인 경우에는 리스회사, 렌탈회사의 소유인 경우가 많고, 공장근로자들이 밀린 봉급으로 충당하기 위해 매각하는 경우가 많기 때문이다.

전체 감정평가금액에서 기계기구의 감정가가 크다면 이 금액을 제외한 토지, 건물의 감정가를 기준으로 입찰가를 정한다. 낙찰 후 등기할 때 낙찰가에서 기계기구에 해당하는 금액을 공제한 금액을 기준으로 취득세를 납부한다.

2. 업종

경매 대상인 공장의 허가 조건을 관련부서에 알아보아야 한다.

그 공장에서 운영하려는 업종이 허가 가능한지와 공장낙찰 시 하고자 하는 사업의 사업면허를 허가받을 수 있는지 여부와 공장의 허가받은 면허의 인수 여부를 해당 시·군·구청에 문의하여 파악해야 한다.

업종이 다른 공장을 취득하게 될 경우 해당 시·군청 관련부서에 용도변경 가능 여부를 확인해야 한다. 공장이 어떤 업종이었는지 확인하고 오염물질을 배출하는 시설이었는지 공해방지시설은 갖추었는지 낙찰 후 해당목적으로 사용이 가능한지 등을 미리 확인해야 한다.

공장단지의 지목 여부 및 배후의 여건 조성 문제를 고려해야 한다.

기존 공장의 허가 조건과 낙찰 후 이용 시의 허가 조건을 비교해야 한다.

국가나 지방 자치단체에서 산업단지로 지정된 곳은 입주조건 등이 있으므로 반드시 살펴보고 입찰 여부를 결정해야 한다.

3. 건물 이용 시 접근성

물류 운반 시 진입 도로와 낙찰 후 건물 이용 시 접근성은 어떠한지 살펴야 한다.

교통, 도로 조건, 물류비용, 용수, 동력, 공장입지, 특정폐기물 처리시설, 제품의 판매 시장 및 원재료 구입 시장과의 거리, 노동력 확보, 간선도로 등 이용의 편리성과 물류비 부담 등을 검토해야 한다.

공장에 대형 화물차가 들어가야 할 경우 차량이 출입하거나 회전할 수 있는 공간이 충분한지 확인해야 한다.

진입로가 사도 또는 타인의 토지인지 확인해야 한다.

4. 층고 및 출입문

원하는 업종의 기계류가 건물에 들어갈 수 있는지 기계류를 설치하기에 층고나 출입문이 적당한지 등을 사전에 검토해야 한다.

5. 동력 파악

공장가동에 필요한 동력이 되는지 동력을 늘려야 하는지를 검토해야 한다.

6. 폐기물 문제

폐기물이 매립되어 있거나 적체되어 있는 경우 원칙은 공장을 사용한 회사가 처리해야 하지만, 이미 부도난 회사가 처리하기는 매우 어려운 점이 있다. 결국 낙찰자가 많은 비용을 들여 처리해야 한다.

7. 유치권 등 확인

유치권이나 법정지상권은 법원에 신고하지 않아도 주장할 수 있으므로 현장 답사할 때 꼼꼼하게 살펴보아야 한다.

8. 요금 연체

전기요금, 수도요금, 가스요금 등의 체납으로 단전, 단수된 경우가 많으므로 입찰 전에 반드시 확인해야 한다. 전기, 수도 요금 등은 원칙상 낙찰자에게 승계되는 것은 아니지만 요금이 연체되면 전기 공급에 필요한 장비도 철수하여 낙찰 후 새로 설치하는 데 비용이 발생할 수 있으므로 꼼꼼히 살펴보아야 한다.

연체된 전기료의 부담 문제, 전기 용량의 문제, 수변전(변압기설치소)의 사용 및 소유 문제 등을 알아본다.

9. 민원 여부

공장 가동으로 이웃 주민들의 민원이 있는가도 살펴보아야 한다. 주변 이웃들의 성향도 파악하는 것이 좋다.

10. 개보수 비용

경매가 진행 중인 공장은 대부분 정상 가동을 하지 않고, 채권자 등에서 파견된 직원이 경비를 하는 경우가 대부분이다. 그런 만큼 건물 상태 등을 확인하여 개보수 예산을 세워야 한다.

11. 체불임금 확인

체불임금이 있으면 명도가 지연될 수 있다. 기숙사 거주 직원은 주택임대차보호법이 적용될 수 있다.

section 5

땅

토지는 대지, 전, 답, 임야, 잡종지 등을 통틀어 말한다.

1. 사전 준비를 철저히 해야 한다

토지를 임장할 때는 사전 준비를 철저히 해야 한다. 사전에 지도를 보고 위치나 지형지물을 파악해야 토지를 잘 찾을 수 있다.

일반적인 내용 외에 현장에서 꼭 확인해야 할 내용이 무엇인지 미리 체크해야 한다.

현지에 가기 전에 토지이용계획확인원 등을 통하여 구입 목적에 맞게 활용할 수 있는지의 여부를 따져봐야 한다.

2. 새벽에 떠난다

답사지역을 정한 뒤 인터넷이나 전문서적을 통해 지역 정보를 충분히 파악한다. 주말에는 도로가 정체되기 마련이므로 느긋하게 출발하면 계획대로 일정을 마칠 수 없고 온통 길 위에서 시간을 다 보낼 수 있으므로 가고 올 때 다른 루트를 택해 입지여건과 접근성을 입체적으로 살펴본다.

3. 묻고 되묻고 철저히 확인해야 한다

현지 부동산 중개업소 이외에 지역 유지나 마을 이장, 가게 주인을 만나보는 것이 좋다. 중개업자 이상으로 현지 사정에 정통한 사람들이니 열의를 갖고 정중하게 물으면 '누가 언제 어느 땅을 얼마에 샀는지' 등 최근 동향을 전해들을 수 있다. 가격이 급변하는 지역은 주민들이 알고 있는 시세가 상승하기 전의 것일 수가 있다. 각종 개발제한 사항이나 지역개발 계획은 군청이나 시청에 들러 물어본다.

경치는 좋은데 땅값이 의외로 싼 곳이 있다. 도로에 접하지 않은 맹지이거나 경사지, 도로가 나 있어도 개인 소유일 경우 사용 허가를 받지 못하면 개발하기가 어렵다.

수목이 울창하면 개발이 허용되지 않는 보전지역일 가능성이 높다.

4. 용도변경 가능 여부를 확인한다

각종 공법적 규제사항을 숙지하여 소유권 취득 후 당초 목적으로 형질변경이나 용도변경 등의 작업이 가능한지 확인해야 한다.

집을 짓는 데 법률 문제는 변호사나 법무사보다는 부동산 주변의 설계사무소에 문의하는 것이 더 정확한 답을 얻을 수 있다.

토지는 부동산 중 개별적인 규제가 가장 많은 종목이다. 투자 목적으로 토지를 구입했다 하더라도 마음대로 개발할 수 있는 것이 아니다. 그러므로 반드시 지적도, 토지이용계획확인원 등의 공적인 서류를 통하여 구입 목적에 맞게 활용할 수 있는지 여부를 따져보아야 한다. 그리고 전원주택단지 등의 조성을 위한 투자를 하려면 관련 투입비용을 따져보아야 한다.

5. 현황도로를 개설하는 데 문제가 없는지 확인한다

해당지역의 지방자치단체를 방문하여 현황도로를 개설하는 데 문제가 없는지 반드시 체크해야 한다. 또한 건폐율이나 용적률은 지방자치단체마다 다를 수 있으므로 시·군·구청의 관련부서에 문의하여 확인해야 한다.

토지의 가치나 가격을 좌우하는 가장 중요한 요인 중 하나가 도로이다. 도로에 접해 있는지 접해 있으면 어떻게 접해 있는지에 따라 토지의 가격은 천양지차이다.

6. 주위토지통행권

해당 토지와 공로 사이에 그 토지의 용도에 필요한 통로가 없는 경우에 그 토지소유자는 주위의 토지를 통행 또는 통로로 하지 아니하면 공로에 출입할 수 없거나 과다한 비용을 요하는 때에는 그 주위의 토지를 통행할 수 있고, 필요한 경우에는 통로를 개설할 수 있다.

이러한 경우에는 그 통행로의 폭이나 위치 등을 정함에 있어서는 피통행권자가 그 소유 토지를 이용하는데 필요한 범위로 볼 것인가는 구체적인 사안에서 사회통념에 따라 쌍방 토지의 지형적, 위치적 형상 및 이용관계, 부근의 지리상황, 상린지 이용자의 이해득실 기타 제반 사정을 기초로 판단해야 한다.

그러나 이로 인한 손해가 가장 적은 장소와 방법을 선택해야 한다. 이런 경우 통행권자는 통행지 소유자의 손해를 보상해야 한다.

7. 지적도를 들여다보는 비법

땅이 땅 구실을 할 수 있는 잘생긴 땅인지, 도로에 접했는지, 맹지인지, 옆 땅과 합병을 해야 할 땅인지, 분할을 해야 할 땅인지, 어떤 용도로 쓸 수 있는 땅인지를 파악하고 주변에 있는 공장, 전원주택, 야외 음식점, 모텔 등의 위치를 상세히 파악해두어야 한다.

> **TIP 좋은 땅 고르는 법**
> ① 지세가 남쪽으로 향한 땅
> ② 도로보다 지형이 높고 전망이 트인 땅
> ③ 주변이 아늑하게 느껴지거나 편안함을 주는 땅
> ④ 주변에 혐오시설이 없는 땅
> ⑤ 자연 마을과 너무 멀지 않은 땅
> ⑥ 뒷산이 완경사로 된 땅
> ⑦ 지적도상에 도로가 있는 땅
> ⑧ 지하수 개발에 어려움이 없는 땅
> ⑨ 멀리 물이 보이는 땅
> ⑩ 대로와의 접근성이 용이한 땅
> ⑪ 주변이 새로 개발되고 있는 땅

8. 용도지역별 건폐율 및 용적률

용도지역			건폐율		용적률	
			법	대통령령	법	대통령령
도시지역	주거지역	전용주거지역 1종	70% 이하	50% 이하	500% 이하	50% 이상 100% 이하
		전용주거지역 2종		50% 이하		100% 이상 150% 이하
		일반주거지역 1종		60% 이하		100% 이상 200% 이하
		일반주거지역 2종		60% 이하		150% 이상 250% 이하
		일반주거지역 3종		50% 이하		200% 이상 300% 이하
		준주거지역		70% 이하		200% 이상 500% 이하
	상업지역	중심상업지역	90% 이하	90% 이하	1,500% 이하	400% 이상 1,500% 이하
		일반상업지역		80% 이하		300% 이상 1,300% 이하
		근린상업지역		70% 이하		200% 이상 900% 이하
		유통상업지역		80% 이하		200% 이상 1,100% 이하
	공업지역	전용공업지역	70% 이하	70% 이하	400% 이하	150% 이상 300% 이하
		일반공업지역				200% 이상 350% 이하
		준공업지역				200% 이상 400% 이하
	녹지지역	보전녹지지역	20% 이하	20% 이하	100% 이하	50% 이상 80% 이하
		생산녹지지역				50% 이상 100% 이하
		자연녹지지역				50% 이상 100% 이하
관리지역		계획관리지역	40% 이하	40% 이하	100% 이하	50% 이상 100% 이하
		생산관리지역	20% 이하	20% 이하	80% 이하	50% 이상 80% 이하
		보전관리지역	20% 이하	20% 이하	80% 이하	50% 이상 80% 이하
농림지역			20% 이하	20% 이하	80% 이하	50% 이상 80% 이하
자연환경보전지역			20% 이하	20% 이하	80% 이하	50% 이상 80% 이하

1) 건폐율

대지면적에 대한 건축면적의 비율

2) 건축연면적

- 하나의 건축물의 각 층의 바닥 면적의 합계
- 건축연면적 계산 시 제외 항목
    (1) 지하층의 면적
    (2) 지상층의 주차용으로 사용되는 면적
    (3) 주민공동시설의 면적
    (4) 피난안전구역의 면적
    (5) 건축물의 경사지붕 아래에 설치하는 대피공간의 면적

3) 용적률

대지면적에 대한 건축물의 연면적 비율

section 6

농어촌주택 등

거주자 및 그 배우자가 구성하는 1세대(이하 이 조에서 '1세대'라 한다)가 2003년 8월 1일부터 2017년 12월 31일까지의 기간 중에 다음 각 호의 어느 하나에 해당하는 1채의 주택을 취득하여 3년 이상 보유하고

그 농어촌주택 등 취득 전에 보유하던 다른 주택을 양도하는 경우에는 그 농어촌주택 등을 해당 1세대의 소유주택이 아닌 것으로 보아 1세대 1주택 비과세를 적용한다.

＊적용 기간 : 2020년 12월 31일까지

1. 다음 각 목의 요건을 모두 갖춘 주택

(이 조에서 '농어촌주택'이라 한다.)

1) 취득 당시 다음의 어느 하나에 해당하는 지역을 제외한 지역으로서 읍 또는 면에 소재할 것

　(1) 수도권 지역

　(2) 도시 지역

　(3) 지정 지역

　(4) 그 밖의 관광단지 등 부동산 가격 안정이 필요하다고 인정되는 지역

2) 대지면적이 660m² 이내

대지면적이 660m² 이내이고, 주택의 연면적이 150m²(공동주택의 경우에는 전용면적 116m²) 이내를 말한다.

3) 주택 및 이에 딸린 토지의 가액

주택 및 이에 딸린 토지의 가액(기준시가)의 합계액이 해당 주택의 취득 당시 2억 원(대통령령으로 정하는 한옥은 4억 원)을 초과하지 아니할 것.

2. 농가주택 구입 시 장점

1) 매입 절차가 간단하다.

토지를 취득하여 건축을 하게 되면 취득부터 건축까지의 전 과정에 드는 비용과 시간이 많이 소요된다. 자칫 잘못하면 주택을 구입하는 것보다 더 많은 시간과 비용이 들 수 있다.

시간과 돈만 허비하고 원하는 건축 완성품이 되지 않을 수도 있다. 그러나 농가주택은 이미 집이 지어져 있기 때문에 농지취득자격증명원을 발급받는 절차가 필요없고, 취득과 동시에 건축 리모델링 등을 할 수 있다.

간단히 개조한 뒤 바로 들어가 살 수도 있고 또 살면서 조금씩 고치며 살 수도 있다.

2) 저렴한 가격으로 전원주택을 마련할 수 있다.

준농림지를 구입, 전용을 하게 되면 전용부담금이나 대체농지조성비를 내야 하고 다시 건축비가 드는 반면, 농가주택을 구입해 개조하면 비용을 줄일 수 있다.

3) 옛집의 분위기를 그대로 보존할 수 있다.

농가주택의 기둥과 서까래 등 기존 구조체가 튼튼하다면 헐고 새로 짓는 것보다 개조가 더 품위 있고 분위기 있다. 농가주택은 대부분 흙이나 나무로 되어 있는데 이런 분위기를 살려내고 입식 부엌과 욕실을 실내에 두면 전원생활에 문제가 없다.

4) 살기 편하다.

빈집이 있는 곳은 기존 마을이 형성돼 있어 마을 사람과 주택 신축시 생길 수 있는 마찰을 조금이라도 줄일 수 있다.

3. 농가주택 구입 시 단점

1) 건축 규모가 대부분 작다

농가주택은 예전에 지은 집들이 많아 건평이 보통 10~15평 사이이고, 규모가 있는 집이라야 건평 20평 정도이다. 구조도 입식 생활에 익숙한 도시민에게는 불편한 점이 많아 개조가 필요하다.

2) 문제가 많은 농가 주택이 대부분이다

건축법상 문제가 있는 농가 주택이 생각보다 많아 일반적인 주택 매매와는 달리 꼼꼼하게 체크하고 신경 써야 한다. 현재 농촌에는 지적도상 도로가 없거나 지목이 대지가 아닌 주택이 많다.

4. 농가주택 구입 시 주의할 점

1) 무허가 건물 확인

농어촌에 있는 빈집들 중에는 대지가 아닌 농지에 있는 경우가 많고 또 무허가 건물일 수도 있다. 이런 경우 위반 건축물 여부와 양성화 가능 여부도 확인해야 한다.

2) 지상권 확인

지상권 문제에 대해서도 필히 확인해야 한다. 지상권이란 건물주와 땅 주인이 다른 부동산에서 건물에 관한 권리를 말한다. 전 주인이 알려주지 않은 다른 사람의 지상권이 있는 경우 건물에 대해 권리를 주장할 수 없게 된다. 건축물관리대장이 없는 무허가 건축물일 때 이런 경우가 생길 수도 있다.

3) 내부 골조 확인

개조해 거주할 목적으로 빈집을 취득한다면 내부 골조를 잘 살펴봐야 한다.
＊ 지적도로 땅의 모양을 알고 집을 봐야 이해가 빠르다.

4) 개조가 가능한 집인지 아닌지 상태 확인

보통 농가에서 개조가 필요한 부분은 지붕, 창과 문, 벽면과 바닥의 단열공사 등이다. 이는 보통 단열이나 생활의 편의를 위해서 필요한 작업이다. 또한 공간 중에는 화장실과 욕실, 주방의 개조는 선택사항이다.

(1) 전기 - 상하수도 - 정화조 - 전화선 - 천장

오래된 빈집의 경우 대부분 개조가 필요하여 천장을 들어내고 단열과 방수공사 작업을 새로 해주어야 한다. 필요에 따라 지붕재를 바꾸기도 하는데 이는 부분적인 개조로 집의 인상을 변화시키는 방법이다. 지붕에서 물이 새는 경우는 대부분 내부 목재의 부식에서 비롯된다. 어차피 단열을 위해서 지붕을 고쳐야 하겠지만 주택의 골격이 되는 목재 상태를 확인하기 위해서도 지붕 상태의 확인은 꼭 필요하다.

(2) 농가의 창문과 출입문 등

대부분의 농가는 문이 단열과는 거리가 먼 홑창, 홑문이다. 이는 난방비와 관계가 있으므로 개조 시 아예 이중창, 이중문으로 바꾸는 것이 장기적으로 이익이다.

(3) 벽면

개조가 필요할 경우는 단열과 공간구조 변경을 할 수도 있다. 한옥의 벽 구조는 대부분 외엮기로 만들어져 있다. 이 벽을 트거나 합칠 때 기초 부분의 목재가 상했는지 확인 후 공사에 들어가야 한다. 이때 힘을 받고 있는 부분은 절대로 해체하거나 옮겨서는 안 된다는 점을 유의해야 한다.

외엮기를 다시 할 경우 쫄대 내지 신우대 또는 싸리대 등을 엮어서 벽체 부분을 만드는데, 내부에서 외엮기를 하고 가운데 부분에 단열재를 넣은 뒤 또다시 외엮기를 한 다음 흙을 바르면 단열에 별다른 문제가 없다. 일반적으로 흙을 바를 때 주의해야 할 점은 반드시 생흙을 사용해야 하며 석비래(마사토) 60%, 모래 20%, 강회 20%의 비율로 배합한다.

(4) 기존의 바닥

합한 보일러를 시공한다. 구들을 보일러 난방으로 교체할 경우 바닥의 높이를 수평으로 맞추고 방고래 부분은 전부 메꾸어 준다. 구들을 그대로 둔 상태에서 보일러 난방을 할 수도 있는데, 이 경우에는 구들 위의 방바닥이 문지방과 최소 10센티미터 정도는 되어야 배관을 할 수 있으므로 유의해야 한다. 일반적으로 난방을 위해 보통 전기나 기름 보일러를 설치하는데 자주 사용하지 않는 방 하나 정도는 직접 아궁이에 불을 때서 난방을 해결하도록 설치하면 좋다.

(5) 주춧돌

골조 상태를 확인하기 위해 살펴보아야 할 곳이 바로 주춧돌이다. 주춧돌의 윗부분을 보면 내부 골조의 상태를 알 수 있다.

5) 등기부등본 확인

- 등기부등본(토지, 건물) 건물 용도, 정확한 면적, 저당권 및 기타 권리 설정 여부나 구입하려는 농가의 지목이 무엇인가도 확인해야 한다.

6) 건축물관리대장 확인

주택의 실제 신축연도, 면적, 구조 등과 소유자의 상황을 알 수 있다.

7) 토지이용계획확인원 확인

토지거래허가지역, 공원 편입 여부, 수변보호지역, 환경보전지역 등 토지 용도 및 구역이 어떻게 지정되어 있는지 확인할 수 있다.

또한 용도상의 규제나 거래상 규제의 유무를 알 수 있으며 개축이나 멸실 후 재건축 가능여부를 알 수 있다.

8) 도로의 유무 확인

서류상 의심나는 부분은 관할 시·군·구청 담당과에 확인한다. 주택 및 땅을 볼 때 가장 기본적인 서류는 토지대장 또는 임야대장, 토지이용계획확인원과 지적도이다.

9) 증개축이 가능한지 여부

(1) 해당 지방자치단체에 증개축이 가능한지 여부를 반드시 확인해야 한다.

(2) 집이 지어진 시기에 따라 현재 사람의 거주 여부에 따라 농가의 상태도 천차만별이다. 개조를 하려고 마음먹었다가 아예 집 한 채를 짓는 노력과 비용이 드는 경우도 많다.
이를 피하기 위해 농가를 구입하기 전에 가장 중요한 지붕 상태와 주춧돌을 꼭 확인해야 한다.

(3) 현상 답사에 앞서 구입하려는 농가와 농가가 속해 있는 지역에 대한 간단한 법령상식 정도는 인터넷으로 검색해서 알아두고 가는 것이 여러모로 편리하다.
또한 개조 대상으로 농가만 고집할 일이 아니라, 창고나 축사 쪽으로도 눈을 돌려보는 융통성도 있어야 한다. 창고나 축사는 공간의 구분이 없어 필요에 따라 원하는 위치에 벽을 세워주면 농가보다 훨씬 쉽게 개조가 가능하다. 게다가 천장이 높아 더욱 확 트인 내부공간을 만들 수 있어 오히려 현대적인 주거공간 구조에 적합할 수도 있다. 단, 건축법상 주택으로 용도 변경이 가능한지 해당부서에 확인하고 입찰해야 한다.

section 7

다가구주택(원룸)

다가구주택은 여러 가구가 살 수 있도록 건축되어진 주택으로서 각 구획마다 방, 부엌, 출입구, 화장실이 갖추어져 한 가구씩 독립하여 생활할 수 있는 주택이다.

1. 다가구주택과 다세대주택

구분	다가구주택	다세대주택
구분 기준	건축면적이 660m^2, 3층, 19가구 이하	동당 건축면적이 660m^2, 4층, 19가구 이하 주택
세법상 취급	단독주택으로 간주	각각 1채로 간주

2. 검토할 내용

1) 위반 건축물 여부 확인

다가구주택 경매에서 가장 확실하게 검토하고 확인해야 할 것은 위반 건축물 여부이다.

위반 건축물에는 이행강제금이 부과된다. 이행강제금이란 위반행위의 시정이 이루어질 때까지 위반자에 대하여 일정금액을 계속적으로 반복 부과·징수함으로써 위반자의 심리적 압박을 통한 행정처분의 실효성을 높이기 위해 마련된 제도이다.

일반적으로 1년에 1회 부과한다.

이행강제금은 1년에 2회 이내의 범위에서 그 시정명령이 이행될 때까지 반복하여 부과·징수할 수 있다.

위반 건축물 매수 시 매수인은 매도인의 원상복구 후 위반 건축물을 해소하는 조건으로 매수를 하든지 아니면 이행강제금을 납부하는 것을 감수하면서 매수해야 한다.

2) 임대 가능 여부 확인

인근 중개업소를 통해 정확한 거래 시세와 임대 가능 여부를 꼼꼼히 파악하여 수익성 분석을 정확하게 해야 한다.

월세, 전세 시세 등 임대 수요가 많은 곳인지 확인해야 한다. 공실이 많은 경우 부동산의 노후화가 빨라지고 그에 따른 수리비, 손실 등이 늘어날 수 있다.

3) 대상 물건의 임차 관계 확인

대상 물건의 임차 관계를 정확하게 확인해야 한다. 어떤 계층의 세입자들이 입주해 있는지도 미리 파악해 두어야 명도의 난이도, 이사비 책정 등을 정확하게 할 수 있다.

4) 리모델링 후 매도 가능 여부 확인

리모델링 후 매도 가능 여부도 확인한다.

chapter 5
전원주택

전원주택에는 '살기 좋은 집'과 '보기 좋은 집'이 있다.
전원주택을 구하러 다니다 보면 아주 예쁜 집들을 보게 된다. 그때 "나도 저런 집에서 살았으면."하고 부러워했을 것이다. 그러나 자세히 뜯어보면 보기에만 좋은 집이 숱하다. 한 달에 한두 번 혹은 1년에 한두 번 정도만 사용하고 상주하지 않을 집이라면 이 범주에서 빼는 것이 바람직하다.

전원주택은 농지나 녹지 등이 주택 안에 있어 시골의 정취를 느낄 수 있게 도시 주변 교외에 지은 친환경주거공간이다.
일반적으로 100평에서 300평 정도의 토지 위에 지은 집이다.

■ 전원주택(주말주택 포함) 부지 선정 시 주의사항
1) 물가에 바짝 붙은 집은 피하라.
물은 집에서 멀찍이 떨어진 곳에서 바라보아야 한다. 계곡이나 시냇물이 흐르는 곳도 강가나 호숫가보다는 덜할지언정 비슷한 영향을 끼친다. 그래도 물가가 좋다면 물 흐름이 완만한 곳을 찾는 게 그나마 좋다.

2) 바위산이나 경사가 심한 산 밑은 피하라.

사람들은 대부분 배산임수형을 선호한다. 그런데 장마철이면 옷장 속 옷가지에 곰팡이가 피는 경우가 많다는 걸 모른다. 산과 집이 너무 가까우면 통풍이 안 돼 그런 일이 일어난다는 사실을 알지 못하기 때문이다. 낙석은 물론 산불도 조심해야 한다. 대개 좋다는 땅은 묘소나 등산로를 끼고 있기에 성묘객이나 등산객의 부주의로 종종 산불이 발생하는 경우도 있다.

3) 성토나 절토지는 피하라.

성토한 땅은 지반이 물러 건축 후 균열이 발생하기 쉽다. 또한 지반이 대체로 낮기에 옹벽이나 축대를 쌓고 흙으로 메꿔야 한다. 절토한 땅은 뒤에 옹벽을 쌓아야 하고, 앞에도 축대나 옹벽으로 보강해야 하므로 토목비가 많이 들 뿐만 아니라 모양도 좋지 않다. 물론 절토를 많이 안 한 땅은 잘만 다듬으면 오히려 멋진 집을 앉힐 수 있다. 따라서 구입 전, 공사비에 대한 사전 조사를 충분히 해야 한다.

4) 북벽은 삼가는 것이 좋다.

시골은 도시보다 눈비가 많이 내린다. 하수시설이 잘 갖춰지지 않은 도로는 수로가 되거나 얼음바닥으로 변한다. 특히 비탈진 길, 더욱이 북벽이라면 그 정도가 매우 심하다. 겨울철엔 차량 통행은 물론이고, 보행마저도 어려워진다. 겨울철 시골길을 주행할 때 눈 녹은 반대편에 하얀 눈 모자를 쓴 산이나 지붕을 쉽게 볼 수 있다. 그만큼 북벽은 춥고 어둡기 때문이다.

5) 주위 환경을 절대로 무시해서는 안 된다.

전원이란 집 지을 곳만 좋다고 되는 게 아니다. 주위 환경을 예의 주시해야 한다. 주위에 축사라도 있다면 냄새와 벌레로 인하여 건물을 짓기에는 부적합한 곳이 된다.

어떤 시설이 있는지, 앞으로 어떻게 개발될지, 혐오시설 유무 등을 잘 살펴보아야 한다.

6) 현재 조건만으로 땅을 평가하지 말자.

다른 사람이 지은 전원주택을 보고 감탄사를 연발하면서도 그보다 훨씬 좋은 땅을 추천하면 시큰둥한 표정을 짓는다. 이유는 한 가지다. 개발 후의 모습을 그려보는 심미안이 없기 때문이다. 화장하고 난 다음의 모습은 화장을 안 했을 때의 모습과는 많이 다르다는 것을 염두에 두고 땅을 보아야 한다.

판으로 찍은 것 같은 네모반듯한 땅을 많은 사람이 선호한다. 천편일률적으로 아무런 특징이 없는 전원주택단지가 그러하다. 그런 땅은 효율적으로 사용할지는 몰라도 별 재미는 없다. 오히려 약간 불규칙한 땅이 재미있는 연출을 할 수 있고 가격 면에서도 저렴한 편이다.

7) 길이 없는 땅은 땅이 아니다.

여기에서 길은 지적도상의 도로를 뜻하는데 4미터가 안 되면 일단 의심할 여지가 있다. 현재 버젓이 쓰는 길임에도 불구하고 허가를 내려면 도로 소유주의 '영구사용승낙서'를 받아야만 할 경우가 많다. 이것은 땅을 사서 도로로 편입시킨다는 것과 다름없는데 부르는 게 값일 수가 있다. 그러므로 기존 도로라 할지라도 실제로 사용할 수 있는지,

도로로 허가를 받을 수 있는지를 면밀히 따져본 뒤 입찰 여부를 결정해야 한다.

현재는 길이 없지만 길을 낼 확신이 선다면, 부동산 경매를 통해 낮은 가격에 그 땅을 싸게 구입하는 것도 재테크의 한 방법이다.

8) 전원주택을 대체 주거지의 개념으로 보자.

교통수단과 도로의 발달로 옛날 같으면 하루가 걸릴 먼 길이 1시간도 안 되는 짧은 시간에 연결되고 있다. 그것이 출퇴근은 엄두도 못 내던 수도권은 물론 다른 지역까지도 서울의 일부분으로 만들어 놓았다. 심지어 고속철도의 개통으로 전국이 일일 생활권이 됐다. 다시 말하면, 전원주택을 짓고자 하는 곳의 미래를 생각해보라. 10년 뒤의 모습을 그리고 입찰 여부를 결정하는 것도 좋다는 생각이다.

9) 외따로 떨어진 곳은 피한다.

도로에 너무 바짝 붙었거나, 울창한 나무숲으로 가려졌거나, 허허벌판에 외따로 떨어진 땅은 피하는 것이 좋다.

chapter 6
각종 허가절차, 반드시 입찰 전에 전문가에게 문의하라

1. 개발행위허가

1) 개발행위란

개발행위란 건축물의 건축, 공작물의 신축, 토지의 형질 변경, 토석 채취, 도시지역 안에서의 토지 분할, 물건을 쌓아놓는 행위에 대하여 개발행위허가를 받아야 하며 또한 허가받은 사항을 변경하는 경우에도 허가를 받아야 한다.

2) 근거 법률

국토의 계획 및 이용에 관한 법률 제58조 및 시행령 제56조

3) 개발행위허가 대상

(1) 건축물의 건축

건축법에 따른 건축물의 건축

(2) 공작물의 신축

인공을 가하여 제작한 시설물의 설치

(3) 토지의 형질 변경

　절토·성토·정지·포장 등의 방법으로 토지의 형상을 변경하는 행위와 공유수면의 매립

(4) 토석 채취

　흙·자갈·바위 등의 토석을 채취하는 행위

(5) 토지 분할(도시지역)

(6) 물건을 쌓아 놓는 행위(녹지지역, 관리지역 또는 자연환경보전지역)

　녹지지역·관리지역 또는 자연환경보전지역 안에서 건축물의 울타리 안에 위치하지 아니한 토지에 물건을 1월 이상 쌓아 놓는 행위

4) 구비서류

(1) 당해 토지에 개발행위를 할 수 있음을 증명하는 서류(소유권, 사용권 등)

(2) 사업계획 평면도(토지의 형질 변경, 토석 채취)

(3) 설계도서(공작물 설치)

(4) 토지의 형질 변경 후 건축물을 건축하는 경우, 당해 건축물의 용도 및 규모를 기재한 서류

(5) 개발행위의 시행으로 폐지되거나 대체 또는 새로이 설치할 공공시설의 종류, 세목, 소유자 등의 조서 및 도면과 예산내역서 (토지의 형질 변경, 토석 채취)

(6) 위해 방지, 환경오염 방지, 경관, 조경 등을 위한 설계도서 및 그 예산내역서

5) 허가 처리 절차

　(1) 용역회사(측량토목설계사무소 등) : 현지 측량, 토목설계, 사업계획서 작성
　(2) 허가신청서 접수 : 검토, 현지 조사(공무원), 타 허가부서 협의
　(3) 신청인에게 허가서 통보
　(4) 면허세, 지역개발공채, 원상복구 예치금 등 제반 수수료(세금) 납부 후 허가부서 방문하여 허가증 발급

2. 농지전용허가

1) 농지전용이란

농지전용이란 농지를 농작물 경작 또는 다년성 식물 재배 등 농업생산 또는 농지개량 외의 목적에 사용하는 것을 말한다.

※ 농지에 유리온실, 고정식 온실, 버섯재배사 등 농작물 재배시설의 설치는 농작물 재배시설로 제외

2) 농지전용의 종류

　(1) 허가 : 농지법에 의하여 농지전용 허용(민원인에게 허가증 직접 교부)
　(2) 협의 : 타법에 의하여 농지전용을 의제하여 주된 인허가에 포함 처리(토지형질 변경, 건축 허가, 공장 창업 등)

3) 농지전용의 허가 신청 및 허가권자

　(1) 신청인 : 당해 농지를 직접 전용하여 전용목적 사업을 하고자 하는 자(토지소유자와 사업자가 다를 경우 토지소유자는 신청자가 아님)

(2) 허가권자
- 특별시장, 광역시장, 시장, 군수

4) 구비서류

(1) 사업계획서(전용목적, 사업시행자, 시행기관, 시설물 배치도, 자금소요액 및 조달 방법, 시설물관리운영계획, 시설물의 환경오염 정도)

(2) 소유권증명서 또는 사용승낙서
- 전용하고자 하는 농지에 전용 예정 구역이 표시된 지적도 (1/1200), 지형도(1/25000)

(3) 피해방지계획서(농지개량시설 또는 도로의 대체시설, 손괴방지시설 설치계획, 토사의 유출방지계획, 농업경영과 농어촌 생활환경에 대한 폐수/악취 정화시설 설치계획)

(4) 배치도

5) 처리 절차

(1) 용역회사(측량토목설계사무소 등) : 현지 측량, 토목설계, 사업계획서 작성

(2) 허가신청서 접수 : 검토, 현지 조사(공무원), 타 허가부서 협의

(3) 신청인에게 허가서 통보

(4) 면허세, 농지조성비 등 제반 수수료(세금) 납부 후 허가부서 방문하여 허가증 발급

3. 산지전용허가

1) 미리 알아두어야 할 사항

대통령이 정하는 면적 이상의 산지(보전산지가 대통령이 정하는 비율이나 면적 이상으로 포함)를 전용하고자 하는 때에는 중앙산지관리위원회의 심의를 거쳐야 한다.

(1) 산지의 면적이 1,000,000m² 이상인 때에는 당해 산지 중 보전산지가 30/100 포함되는 경우
(2) 산지의 면적이 500,000m² 이상 1,000,000m² 미만인 때에는 당해 산지 중 보전산지가 500,000m² 이상 포함되는 경우

2) 근거 법령
산지관리법 제14조 및 동법 시행령 제20조

3) 구비서류
(1) 신청서 1부
(2) 사업계획서(산지전용의 목적, 사업기간, 산지전용을 하고자 하는 산지의 이용계획, 토사처리계획 및 피해방지계획 등 1부)
(3) 산지전용을 하고자 하는 산지의 지번, 지목, 면적, 소유자 등이 표시된 산지내역서 1부
(4) 산지의 소유권을 증명하는 서류 또는 산지전용승낙서
(5) 산지전용 예정지가 표시된 임야도 사본 및 1/25000의 지형도
(6) 지적법의 규정에 따라 지적 측량을 주된 업무로 하여 설립된 비영리법인 또는 측량법의 규정에 의한 측량업자가 측량한 1/6,000, 1/1,200의 산지전용 예정지 실측도 1부
(7) 영림기술자가 조사, 작성한 임목축적조사서 1부
(8) 복구 대상 산지의 중단도 및 횡단도와 복구 방법이 포함된 복구

계획서 1부

4) 접수·처리

  ⑴ 산림청 : 산지전용면적 100ha 이상, 보전산지 10ha 이상의 경우

  ⑵ 임업연구원, 국립수목원 : 산지전용면적 100ha 미만, 보전산지 10ha 미만의 임업연구원 및 국립수목원 소관 국유림의 경우

  ⑶ 지방산림관리청 : 산지전용면적 20~100ha 미만, 보전산지 1~10ha 미만의 산림청 소관 국유림의 경우

  ⑷ 국유림관리소 : 산지전용면적 20ha 미만, 보전산지 1ha 미만의 산림청 소관 국유림의 경우

  ⑸ 특별시, 광역시, 도 : 산지전용면적 20~100ha 미만, 보전산지 1~10ha 미만의 공·사유림 및 산림청 소관 이외 국유림의 경우

  ⑹ 시·군·구 : 산지전용면적 20ha 미만, 보전산지 1ha 미만의 공·사유림 및 산림청 소관 이외 국유림의 경우

4. 도로점용허가

1) 미리 알아두어야 할 사항

도로의 구역 안에서 공작물, 물건, 기타 시설의 신축, 개축, 변경 또는 제거하거나 기타의 목적으로 도로를 점용(굴착)하고자 하는 경우

2) 근거 법령 : 도로법 제40조, 동법 시행령 제24조, 동법시행규칙 제17조

3) 구비서류

  ⑴ 신청서 1부

(2) 설계도서 1부

(3) 공사계획 평면도 1부

(4) 종, 횡단면도 1부

(5) 점용면적이 표시된 지적도 1부

(6) 등기부등본 1부

(7) 구조물 설계도 1부

(8) 위치도 1부

4) 수수료 : 점용료의 1/1,000

5) 취급부서 : 지역개발과 도로 담당

6) 처리 절차

신청인 → 용역회사(설계사무소 등) → 접수 → 서류 검토 → 경찰서 협의 → 현지 조사 → 허가결정 → 허가증 교부

5. 사도개설허가

1) 사도의 정의

사도란 도로법 제2조 제1항의 규정에 의한 도로나 도로법의 준용을 받는 도로에 연결되는 길을 말한다.

2) 근거 법령 : 사도법 제4조, 동법 시행령 제2조, 동법시행규칙 제1조

3) 구비서류

(1) 신청서 1부

(2) 설계도서 1부

(3) 소유권증명 1부

(4) 지적이 표시된 지형도상의 사도계획서 1부

(5) 위치도 1부

4) 처리 절차

신청인 → 용역회사(측량토목설계사무소 등) → 접수 → 서류 검토 → 현지조사 → 허가서 작성 → 허가서 교부

6. 허가 등의 승계

낙찰자가 새로운 영업허가를 받으려고 하는 상황에서 기존의 허가권이 종전 점유자에게 있어서 그것을 취소시키기 전에는 새로운 허가를 받을 수 없는 경우가 있다(건축허가, 형질변경허가, 영업허가). 이때는 종전 점유자로부터 허가권을 양도받든지 아니면 종전의 허가권을 말소시키고 새로운 허가를 받아야 한다.

나대지를 낙찰받은 뒤 낙찰자는 전 소유자의 건축허가를 협의에 의해 이전받거나, 사정변경을 이유로 소유권에 의한 방해배제권으로 허가취소를 청구할 수 있다. 준공받지 않은 건물을 준공받기 위해서는 전 소유자의 명의변경동의서가 필요하다.

백문(百聞)이 불여일견(不如一見)이다.

실제로 경험해봐야 제대로 알 수 있다.

로또를 사야 로또에 당첨될 수 있는 것이다.

경매 공부를 했다면 저질러봐야 한다.

PART **2**

배웠으면 저질러보자

chapter 7

자금출처조사

입찰 전에 자금사정을 고려하여 자금계획을 세워야 한다. 자신의 능력에 맞지 않는 과다한 부동산 취득은 세무조사를 받을 가능성이 있으므로 사전에 대비해야 한다.

1. 자금출처조사에 대비

부동산을 취득하는 경우에는 자금출처조사에 대비해야 한다.
세금에 대해 사전에 알고 대비하면 절세가 되지만 고지서가 나온 이후 세금을 적게 내려고 노력한다면 탈세가 된다.

2. 자금출처조사 대상

자금출처조사란 부동산 등 재산을 취득하거나 부채를 변제했을 때 그 자금을 어떻게 만들었는지에 대한 취득 경위와 출처를 확인해 증여세 등 과세자료로 활용하는 절차를 말하며, 부동산 경매를 통하여 부동산을 취득할 경우에도 자금출처조사 대상이 될 수 있다.

3. 자금출처조사를 받을 가능성

국세청 전산자료에는 개개인 별로 누적된 취득·양도 자료가 저장되어 있으며, 언제든 조사대상 조건에 해당된다면 국세청은 자료 제출을 요구하고, 그 자료를 활용하여 세금 고지서를 내보낼 준비가 되어 있다.

  자금출처조사 대상인지 여부는 알 수 없으나 그 가능성은 예상할 수 있다. 그러므로 사전에 자료를 수집하여 자금출처조사에 대비해야 한다.

4. 재산취득자의 증여재산가액

재산을 취득한 사람의 직업, 연령, 소득세 납부실적 및 재산 상태 등을 포괄적으로 고려하여 재산을 자력으로 취득하였거나 채무를 자력으로 상환하였다고 인정하기 어려운 경우에는 그 재산을 취득한 때에 그 재산의 취득자금을 그 재산의 취득자가 증여받은 것으로 추정하여 이를 그 재산취득자의 증여재산가액으로 한다.

  과세하기까지의 단계는 등기자료 검색 → 조사대상 선정 → 소명자료제출 안내문 → 소명자료 제출 → 증여추정 과세

5. 자금출처조사 기준(10년간 합산)

자금출처조사는 부동산을 취득하는 모든 사람들을 대상으로 하는 것은 아니다. 아래의 기준 이내이면 자금출처조사를 하지 않는다(기준 이내의 금액이라도 증여를 받은 사실이 확실하면 증여세가 과세된다).

  또한 조사대상이 되는 부동산 취득가액에는 매입가액, 취득세, 등기비 등 제반 비용도 과세대상이 된다. 증여세 과세대상이 되었을 때 납부하는 증여세도 증여세 과세가액에 포함된다.

구분	재산취득자금		채무상환 금액	총액 한도
	주택	기타 재산		
1. 세대주인 경우 　가. 30세 이상인 자 　나. 40세 이상인 자	2억 원 4억 원	5천만 원 1억 원	5천만 원 5천만 원	2억5천만 원 5억 원
2. 세대주가 아닌 경우 　가. 30세 이상인 자 　나. 40세 이상인 자	1억 원 2억 원	5천만 원 1억 원	5천만 원 5천만 원	1억5천만 원 3억 원
3. 30세 미만인 자	5천만 원	3천만 원	3천만 원	8천만 원

※ 기준 이내의 금액이라도 증여를 받은 사실이 확실하면 증여세가 과세된다.

　자금출처를 소명하지 못하거나 타인이 부채를 갚은 사실이 확인되면 증여세가 과세될 수 있다. 그러므로 부동산을 취득하거나 부채를 변제할 경우 미리 입증서류를 챙겨두어야 한다.

6. 자금출처조사 대상 출처 입증 방법

1) 근로소득 : 원천징수 영수증, 재직증명서, 소득금액증명원
2) 이자·배당소득 : 원천징수영수증, 통장 사본
3) 채무 : 금융기관 부채증명서, 금융거래 입출금 내역서, 전세계약서, 채무부담확인서
4) 사업자 : 사업자등록증, 소득세신고서 사본 등
5) 예금통장 사본
6) 보유재산처분액 : 부동산 등기부등본, 매매계약서

7. 재산취득자금 및 채무상환자금의 증여로 추정하는 금액의 계산

　재산취득자금 및 채무상환자금을 증여로 추정하는 경우에는 다음에

따라 입증된 금액의 합계액이 취득재산의 가액 또는 채무의 상환금액에 미달하는 경우에는 이를 증여받은 것으로 본다.

다만, 입증되지 아니하는 금액이 취득재산의 가액 또는 채무의 상환금액의 100분의 20에 상당하는 금액과 2억 원 중 적은 금액에 미달하는 경우에는 재산취득자금 및 채무상환자금 증여추정 규정을 적용하지 아니한다.

① 신고하였거나 과세(비과세 또는 감면받은 경우를 포함)받은 소득금액
② 신고하였거나 과세받은 상속 또는 수증재산의 가액
③ 재산을 처분한 대가로 받은 금전이나 부채를 부담하고 받은 금전으로 당해 재산의 취득 또는 당해 채무의 상환에 직접 사용한 금액

8. 자금출처 입증 사례

30세 이상의 세대주가 주택을 취득할 시 입증해야 할 금액은 다음과 같다.

취득금액	입금면제금액	입증해야 할 금액	입증률	비 고
1억 원	0	0	0	
2억 원	0	0	0	조사배제 대상
3억 원	6천만 원	2억 4천만 원	80.0%	
5억 원	1억 원	4억 원	80.0%	
10억 원	2억 원	8억 원	80.0%	입증률 상승
15억 원	2억 원	13억 원	86.7%	

9. 자금출처 소명 기준

재산취득자금 또는 채무상환금액이 타인으로부터 증여받은 사실이 확인될 경우에는 재산취득자금 및 채무상환자금 증여추정 배제기준 금액 이하라도 증여세 과세대상이 된다.

따라서 재산취득 등 중대한 경제행위를 하기에 앞서 이러한 조사배제규정을 참고하여 자금출처 소명 기준을 최대한 갖출 수 있도록 해야 뜻하지 않은 세금 고지서를 피할 수 있다.

10. 증여재산 공제

수증자를 기준으로 그 증여를 받기 전 10년 이내에 공제받은 금액과 해당 증여가액에서 공제받을 금액을 합친 금액이

1) 배우자인 경우 : 6억 원
2) 직계존속[수증자의 직계존속과 혼인(사실혼은 제외) 중인 배우자를 포함한다]으로부터 증여를 받은 경우 : 5천만 원.
   다만, 미성년자인 경우 : 2천만 원
3) 직계비속(수증자와 혼인 중인 배우자의 직계비속을 포함)으로부터 증여를 받은 경우 : 5천만 원
4) 제2호 및 제3호의 경우 외에 6촌 이내의 혈족, 4촌 이내의 인척으로부터 증여를 받은 경우 : 1천만 원

11. 상속세 및 증여세율

수증자가 증여자의 자녀가 아닌 직계비속인 경우에는 증여세 산출세액의 100분의 30(수증자가 증여자의 자녀가 아닌 직계비속이면서 미성년자인 경우로서 증여재산가액이 20억 원을 초과하는 경우에는 100분의 40)에 상

당하는 금액을 가산한다. 다만, 증여자의 최근친(最近親)인 직계비속이 사망하여 그 사망자의 최근친인 직계비속이 증여받은 경우에는 그러지 아니한다.

과세표준	세율
1억 원 이하	과세표준의 10%
1억 원 초과~5억 원 이하	1천만 원 + (1억 원을 초과하는 금액의 20%)
5억 원 초과~10억 원 이하	9천만 원 + (5억 원을 초과하는 금액의 30%)
10억 원 초과~30억 원 이하	2억 4천만 원 + (10억 원을 초과하는 금액의 40%)
30억 원 초과	10억 4천만 원 + (30억 원을 초과하는 금액의 50%)

12. 가족 간 금융거래

가족 간의 금전거래를 통해 발생한 채무는 원칙적으로 인정되지 않고, 증여세 과세가 될 가능성이 많으므로 철저한 대비를 해야 한다.

차용증 및 기타 금융거래자료 등을 통해 실제로 거래가 확인되어야 하며, 공증 등 여러 방법으로 그 사실을 준비해야 한다.

13. 대처 방법

1) 매수인(낙찰자)의 소득원이나 자금 능력이 불투명하다면 대출을 활용하는 것이 방법이다. 취득자금의 출처가 타인이라면 증여세 등의 과세대상이 될 수 있다.
2) 평소 아르바이트에 의한 수입인 경우에는 세무서에 신고 안 하는 경우가 대부분이다. 일한 대가를 통장을 통하여 받아 보관해놓아 자금출처 입증에 대비하는 경우도 있다.

chapter 8

입찰

section 1

입찰가 결정

부동산 경매에서 낙찰의 성패는 입찰가에 달려 있다.
낮은 가격을 적어내고 낙찰받으면 더할 나위 없지만, 입찰 당일 분위기에 편승하여 지나치게 높은 가격을 써서 낙찰 받는다면 두고두고 마음고생을 하게 된다.

1. 입찰가 결정에 필요한 자료

1) 감정가 : 법원기록

감정가 그대로를 시세로 믿어서는 안 되고 참고만 해야 한다.
감정 시점부터 경매 입찰 시점까지는 통상 6개월 정도의 시간 간격이 있고, 감정가와 시세를 동일시해서는 안 된다.

2) 부동산 매물, 시세, 호가

KB시세는 대출의 기준이 되기도 하며, 네이버부동산은 시세, 매물 등

을 참고

3) 국토교통부(http://rt.molit.go.kr/) 실거래가 신고 내용
최근 거래 신고내역은 물론 과거의 가격 흐름을 파악

4) 가격 흐름 파악
전반적인 최근 부동산 가격 흐름이 상승세인지 하락세인지 보합세인지를 파악

5) 중개업소 2곳 이상 방문하여 파악한 호가, 시가, 급매가

6) 다른 비교 대상 부동산과 비교
입찰 대상 부동산의 여건을 다른 비교 대상 부동산과 비교한다.
- 예 아파트 : 층, 방향, 계단식, 복도식, 신축
  토지 : 도로 확보 상황, 조망, 인근 개발지와의 거리 등

7) 낙찰통계의 활용
해당 번지 낙찰가율, 인근 낙찰가율. 3개월, 6개월, 1년의 낙찰가율을 비교해 보면 최근의 트렌드를 알 수 있다.

8) 낙찰사례의 검토
동일한 부동산과 인근 부동산의 낙찰 사례를 찾아 비교.
위의 사례 중에서 인수가 있거나 세입자가 낙찰받은 경우 등 특별한 사례들을 제외한 일반적인 사례들의 낙찰가율/응찰자수/조회수 등을

파악한다.

9) 경쟁자/실수요자의 예상가격 판단
부동산 경매정보 제공 사이트 등에서 검색·조회수 등을 확인하여 입찰가 결정에 참고한다.

2. 입찰가 결정 시 유의할 사항
1) 기본을 지키자.
조사한 자료나 정보를 바탕으로 입찰가를 정했다면 그 가격을 지켜야 한다.
　당일 현장 분위기에 휩쓸려 당초 정한 금액보다 높은 금액을 쓰면 후회할 가능성 많다.

2) 입찰금액을 쓸 때는 예를 들어 '35,100,000' 이런 식으로 쓰지 말고 꼬리를 붙인다.
예를 들어 '35,169,900'처럼 쓴다. '35,150,000'을 쓴 사람을 이길 수도 있으므로.

3) 너무 조급해하지 말고 최소 5회 입찰하여 1회 낙찰되면 성공이라는 마음으로 기다린다.
조급해지면 고가에 낙찰받거나 입찰 몇 번하다가 떨어지게 되면 경매 자체에 회의를 느껴 경매를 떠나게 된다.

3. 수익률 분석 시 필요한 것

1) 예상 매도가격

예상 매도가격이니 중개업소의 급매물 가격을 기준으로 한다.

2) 비용 항목

　(1) 경매 낙찰가
　(2) 취득세 등 취득비용
　(3) 명도비용
　(4) 금융기관 대출이자 등
　(5) 컨설팅 이용 시 컨설팅 비용

---

section 2

법원별 저감율 확인

저감율이란 한 번 유찰될 때마다 최저가가 떨어지는 비율이다. 법원마다 시작하는 시간이 조금씩 다르다. 일반적으로 입찰 시작 시간이 되면 집행관이 10분 정도 입찰서 쓰는 방법 등을 공지하고, 1시간 정도의 입찰시간을 준다.

　그 시간 동안 법원 기록을 열람하여 알고 있는 사실이 맞는지 한 번 더 확인해야 한다.

법원별 저감율

지방법원	지원	저감율	입찰시간
서울 지역	중앙·동부·서부·남부·북부 지방법원	20%	10시
의정부지방법원	의정부지방법원	20%	10시 30분
	고양지원	30%	10시
수원지방법원	수원지방법원, 안산·성남·여주·평택 지원	30%	10시 30분
	안양지원	20%	10시
인천지방법원	인천지방법원·부천 지원	30%	10시
대전지방법원	대전지방법원, 천안·공주·서산·홍성 지원	30%	10시
	논산지원	20%	10시
춘천지방법원	춘천지방법원, 원주·강릉·속초·영월 지원	30%	10시
부산지방법원	부산지방법원	30%	10시
	동부지원	20%	10시
대구지방법원	대구지방법원, 경주·김천·상주·의성·영덕·안동·포항·서부 지원	30%	10시
광주지방법원	광주지방법원, 목포·순천·해남·장흥 지원	30%	10시
청주지방법원	청주지방법원, 충주·제천·영동 지원	20%	10시
창원지방법원	창원지방법원, 통영·거창·밀양·진주·마산 지원	20%	10시
전주지방법원	전주지방법원	20%	10시
	남원·군산·정읍 지원	30%	10시
울산지방법원		20%	10시
제주지방법원		30%	10시

section 3

경매 입찰 절차

1. 매각기일에 출석

− 법원에 출석해야 입찰 가능

입찰에 참여하려는 사람은 본인이나 대리인이 법원이 공고한 매각기일에 경매를 집행하는 법원에 출석해야 한다.

입찰자 본인이 직접 출석할 경우에는 도장과 주민등록증, 대리인이 출석할 경우에는 대리인이 입찰자 본인의 위임장과 인감증명서를 지참하고 대리인의 도장과 신분증을 지참해야 한다.

입찰 당일 법원에 도착하면 게시판에 진행 중인 사건을 확인해야 한다. 일반적으로 그 전날까지 대법원 경매 사이트를 통해 변경 등을 확인할 수 있으나 입찰 당일 변경되는 경우도 있다.

* 경매신청의 취하, 경매 절차의 취소·변경 여부는 인터넷 법원경매 공고란(http://www.courtauction.go.kr)에서 확인할 수 있다.

> **TIP** **입찰 참여가 불가능한 사람**
> 1. 법정대리인의 동의 없는 미성년자
> 2. 채무자
> 3. 매각 절차에 관여한 집행관
> 4. 매각 부동산을 평가한 감정인
> 5. 매각사건에 이해관계가 있는 법관 및 법원사무관
> 6. 재매각 사건인 경우 전 매수인

2. 입찰 개시

1) 입찰 절차는 집행관이 진행한다. 집행관은 매각사건목록과 함께 매각물건명세서·현황조사보고서 및 감정평가서 사본을 비치 또는 게시해서 입찰에 참여하려는 사람이 그 내용을 볼 수 있도록 하고, 특별한 매각 조건이 있으면 이를 고지하며, 특별히 정한 매각 방법(여기서는 기일입찰 방법)에 따라 매수가격을 신고하도록 최고한다.

2) 입찰은 입찰의 개시를 알리는 종이 울린 뒤 집행관이 입찰표의 제출을 최고하고 입찰 마감시각과 개찰시각을 고지함으로써 시작된다.

3) 집행관은 매각기일이 열리는 장소의 질서유지를 위해서 필요하다고 인정하는 경우에는 그 장소에 출입하는 사람의 신분을 확인할 수 있으며, 매각장소의 질서유지를 위해 다음의 어느 하나에 해당한다고 인정되는 사람에 대해서는 매각장소에 들어오지 못하도록 하거나 매각장소에서 내보내거나, 입찰하지 못하도록 할 수 있으므로 각별히 유의해야 한다.
   (1) 다른 사람의 매수 신청을 방해한 사람
   (2) 부당하게 다른 사람과 담합하거나 그 밖에 매각의 적정한 실시를 방해한 사람
   (3) 위 제1호 또는 제2호의 행위를 교사(敎唆)한 사람
   (4) 민사집행절차에서의 매각에 관한 죄로 유죄 판결을 받고 그 판결확정일부터 2년이 지나지 않은 사람

4) 법원 기록에서 다음의 기록은 꼭 점검해야 한다.
　⑴ 우편송달보고서(특히 소유자와 채무자)
　⑵ 권리신고 내용, 채권신고, 배당요구, 임대차계약서
　⑶ 임차인의 주민등록 내역

3. 입찰표 작성
1) 입찰표 기재

입찰기일에 입찰법정에서 무상으로 배부한다. 입찰에 참가하고자 하는 사람은 먼저 입찰표에 사건번호, 물건번호, 입찰자의 성명, 주소, 입찰가액, 보증금액을 기재하고 날인해야 한다.

⑴ 사건번호 : 사건번호는 응찰하고자 하는 물건을 특정하는 것이므로 꼭 기재해야 한다.
⑵ 물건번호 : 물건번호는 한 사건에서 2개 이상의 물건을 개별적으로 입찰에 붙인 경우에 각 물건을 특정하는 것이다. 따라서 입찰사건목록 또는 입찰공고에 물건번호가 기재되어 있는 경우에는 사건번호 외에 응찰하고자 하는 물건의 번호도 반드시 기재해야 한다. 물건번호가 없는 경우에는 기재하지 아니한다.
⑶ 입찰자 및 대리인의 인적 사항 : 입찰자가 법인인 경우에는 본인의 성명란에 법인의 이름과 대표자의 지위 및 성명을, 주민등록번호란에는 법인의 등록번호를 기재한다. 주소는 주민등록상의 주소를, 법인은 등기부상의 본점 소재지를 기재한다. 대리인이 입찰하는 때는 입찰자란에 본인 및 대리인의 인적 사항을 모두 기재한다. 다만 날인은 대리인의 도장만 날인하면 된다. 날인은

반드시 도장으로 해야 한다. 무인은 인정하지 아니한다.

(4) 입찰가액 및 보증금액 : 입찰가액은 법원이 공고한 최저입찰가액 이상이어야 한다. 보증금액은 원칙적으로 입찰가액의 1/10이다. 다만 입찰공고문에 '보증금 20%' '보증금 30%'라고 되어 있는 사건은 해당되는 보증금을 기재하고 금액을 제시해야 한다. 금액의 기재는 수정할 수 없으므로 수정을 원할 경우에는 새 용지를 사용해야 한다.

(5) 보증금 반환 : 금액기재란 밑의 보증금 반환란은 입찰에서 떨어진 사람이 보증금을 돌려받을 때 영수증 대신 기재하는 것이다.

(6) 기재 장소 : 입찰표의 기재는 법정 안의 입찰표 기재대, 법원 내 식당 등 편안한 장소를 이용하면 된다. 법정 내 칸막이 내에는 입찰봉투의 견본, 필기도구, 풀, 스테이플러 등이 비치되어 있다.

(7) 주의사항 : 입찰표는 응찰하고자 하는 물건마다 1장의 용지를 사용해야 한다. 1장의 입찰표에 수 개의 사건번호나 물건번호를 기재하면 무효로 처리된다. 일단 제출된 입찰표는 취소, 변경이나 교환이 불가능하다.

2) 법인 입찰, 대리 입찰의 경우 첨부서류

(1) 입찰자가 법인인 경우에는 법인등기부등본 또는 초본을 입찰표에 첨부해야 한다. 법인의 대표가 입찰기일에 출석하는 경우에는 신분증과 도장(인감증명이 아니어도 됨)을 지참하면 된다.

[전산양식 A3360] 기일입찰표(흰색)　　　용지규격 210mm×297mm(A4용지)

(앞면)

기 일 입 찰 표

지방법원　집행관　귀하　　　　　　　　입찰기일 :　년　월　일

사건번호	타 경　　　　호	물건번호	※물건번호가 여러개 있는 경우에는 꼭 기재

입찰자	본인	성　명		전화번호	
		주민(사업자)등록번호		법인등록번호	
		주　소			
	대리인	성　명		본인과의 관계	
		주민등록번호		전화번호	-
		주　소			

| 입찰가격 | 천억 | 백억 | 십억 | 억 | 천만 | 백만 | 십만 | 만 | 천 | 백 | 십 | 일 | 원 | 보증금액 | 백억 | 십억 | 억 | 천만 | 백만 | 십만 | 만 | 천 | 백 | 십 | 일 | 원 |

보증의 제공방법	☐ 현금·자기앞수표 ☐ 보증서	보증을 반환 받았습니다. 　　　　　　　　입찰자

주의사항
1. 입찰표는 물건마다 별도의 용지를 사용하십시오, 다만, 일괄입찰시에는 1매의 용지를 사용하십시오.
2. 한 사건에서 입찰물건이 여러개 있고 그 물건들이 개별적으로 입찰에 부쳐진 경우에는 사건번호외에 물건번호를 기재하십시오.
3. 입찰자가 법인인 경우에는 본인의 성명란에 법인의 명칭과 대표자의 지위 및 성명을, 주민등록란에는 입찰자가 개인인 경우에는 주민등록번호를, 법인인 경우에는 사업자등록번호를 기재하고, 대표자의 자격을 증명하는 서면(법인의 등기사항증명서)을 제출하여야 합니다.
4. 주소는 주민등록상의 주소를, 법인은 등기기록상의 본점소재지를 기재하시고, 신분확인상 필요하오니 주민등록증을 꼭 지참하십시오.
5. 입찰가격은 수정할 수 없으므로, 수정을 요하는 때에는 새 용지를 사용하십시오.
6. 대리인이 입찰하는 때에는 입찰자란에 본인과 대리인의 인적사항 및 본인과의 관계 등을 모두 기재하는 외에 본인의 위임장(입찰표 뒷면 사용)과 인감증명을 제출하십시오.
7. 위임장, 인감증명 및 자격증명서는 이 입찰표에 첨부하십시오.
8. 일단 제출된 입찰표는 취소, 변경이나 교환이 불가능합니다.
9. 공동으로 입찰하는 경우에는 공동입찰신고서를 입찰표와 함께 제출하되, 입찰표의 본인란에는 "별첨 공동입찰자목록 기재와 같음"이라고 기재한 다음, 입찰표와 공동입찰신고서 사이에는 공동입찰자 전원이 간인 하십시오.
10. 입찰자 본인 또는 대리인 누구나 보증을 반환 받을 수 있습니다.
11. 보증의 제공방법(현금·자기앞수표 또는 보증서)중 하나를 선택하여 ☑표를 기재하십시오.

(뒷면)

위 임 장

대리인	성 명		직업	
	주민등록번호	-	전화번호	
	주 소			

위 사람을 대리인으로 정하고 다음 사항을 위임함.

다 음

지방법원　　　　　타경　　　　　호 부동산

경매사건에 관한 입찰행위 일체

본인1	성 명	(인감인)	직 업	
	주민등록번호	-	전화번호	
	주 소			
본인2	성 명	(인감인)	직 업	
	주민등록번호	-	전화번호	
	주 소			
본인3	성 명	(인감인)	직 업	
	주민등록번호	-	전화번호	
	주 소			

* 본인의 인감 증명서 첨부
* 본인이 법인인 경우에는 주민등록번호란에 사업자등록번호를 기재

지방법원 귀중

(2) 법인의 대표가 참석하지 않고 대리인이 입찰 시 : 법인등기부등본, 법인의 인감도장이 날인된 위임장, 법인인감증명서, 대리인 신분증, 대리인의 도장, 매수신청보증금
(3) 위 문서를 제출하지 아니하면 입찰이 무효로 되므로 주의해야 한다.

3) 공동입찰 신청

(1) 지분 표시 : 여러 사람이 공유 또는 합유를 목적으로 공동입찰을 신청할 수 있다.
공동으로 입찰할 때에는 입찰표에 각자의 지분을 분명하게 표시해야 한다.
(2) 대리인 적격 : 공동입찰자이면서 다른 공동입찰자의 대리인이 될 수도 있고, 공동입찰자 아닌 자가 2인 이상의 공동입찰자의 대리인이 될 수도 있다.
(3) 공동입찰자에 대하여는 일괄하여 매각 허가 여부를 결정해야 하고, 공동입찰인 중의 일부에 매각 불허가 사유가 있으면 전원에 대하여 매각을 불허해야 한다.
공동입찰인 각자는 입찰보증금 및 입찰대금 지급에 관하여 불가분 채무를 부담하고, 대금이 전액 지급되지 않으면 전부에 대하여 재입찰을 명하게 된다.

4) 외국인 입찰 참여 준비서류

(1) 본인 입찰 시 : 여권, 도장, 입찰보증금, 국내에 거소지가 없을 경우에는 재외국민 거주사실증명서(재외국민 등록등본)

(2) 위임장, 위임자의 서명에 관하여 본인이 직접 작성하였다는 취지의 본국 관공서의 증명서, 위임장에 대한 국내번역공증서, 대리인의 신분증, 대리인의 도장, 입찰보증금
(3) 입찰표 주소란에는 여권 기재 외국 주소를 기입하고, 낙찰 후 송달주소는 국내 우편물을 받아 볼 수 있는 주소로 보정신청 한다.
(4) 외국인 토지취득신고와 소유권이전등기
(5) 낙찰 허가일로부터 6개월 이내에 낙찰결정서, 본인의 신분증을 준비하여 토지소재지 시·군·구 지적과에 신고하여 토지취득신고증을 받아야 한다.
(6) 소유권이전등기 : 토지소재지 관할 등기소에 하며, 부동산 등기용 등록번호와 주소증명서가 필요하다.

4. 입찰보증금 봉투 및 입찰 봉투의 작성과 투입

1) 매수신청보증의 제공

(1) 입찰자는 매각 물건의 최저매각가격의 10분의 1에 해당하는 금액(재매각 사건의 경우 법원이 달리 정할 수도 있음)을 매수신청의 보증으로 제공해야 한다.
(2) 매수신청보증은 다음의 방법으로 제공할 수 있다.
  - 금전
  - 자기앞수표(《은행법》에 따른 은행이 발행한 자기앞수표로서 지급 제시기간이 끝나는 날까지 5일 이상의 기간이 남아 있는 것)
  - 보증서(보증서를 제공하는 경우는 한 번도 본 적이 없으므로 무시)
(3) 보증금액이 법원이 요구하는 금액에 조금이라도 미달하게 되면

무효이다.

2) 입찰보증금 봉투

입찰보증금은 입찰보증금 봉투(흰색 작은 봉투)에 넣는다. 보증금 봉투의 앞면에는 사건번호, 물건번호, 제출자의 성명을 기재하고 날인해야 한다. 대리입찰의 경우에는 대리인이 제출자로 된다. 사건번호, 물건번호의 기재 요령은 입찰표와 같다. 보증금 봉투의 뒷면에는 날인의 표시(인)가 있는 곳에 날인하도록 되어 있다. 이는 개찰 전에 봉투의 훼손 여부를 알기 위함이다.

3) 입찰 봉투

입찰보증금을 넣고 봉한 입찰보증금 봉투와 입찰표를 입찰 봉투(황색 큰 봉투)에 넣고 봉한 다음 앞면이 속으로 들어가게 반을 접어 찍도록 되어 있다. 입찰 봉투의 앞면에는 사건번호, 물건번호 및 입찰자의 성명을 기재해야 한다. 입찰 봉투의 뒷면에는 보증금 봉투와 마찬가지로 날인의 표시(인)가 있는 곳에 날인하도록 되어 있다. 입찰 봉투 입찰표와 마찬가지로 응찰하고자 하는 물건마다 1개를 사용해야 한다.

4) 입찰함에 투입

입찰 봉투를 입찰함에 투입하기에 앞서 집행관에게 신분증과 함께 제출하여 봉투에 일련번호를 부여받고 입찰자용 수취증의 절취선에 집행관의 날인을 받아야 한다.

　집행관으로부터 일련번호와 날인을 받은 뒤에는 입찰 봉투로부터 입찰자용 수취증을 떼어내 보관하고 입찰 봉투를 입찰함에 투입한다. 입찰자용 수취증을 미리 떼어내면 안 된다.

일련번호가 기재된 입찰자용 수취증은 입찰에서 떨어졌을 때 보증금을 반환받는 데 필요하므로 잘 보관해야 한다.

5. 기일입찰표에 흠이 있을 때 처리 기준

1) 기일입찰표에 흠이 있으면 개찰에서 제외될 수 있으니, 기일입찰표를 작성할 때는 세심한 주의가 필요하다.
2) 기일입찰표에 흠이 있는 경우에는 다음과 같이 처리된다(〈부동산 등에 대한 경매 절차 처리지침〉 별지 3).

흠결사항	처리 기준
입찰기일을 적지 않거나 잘못 적은 경우	입찰 봉투의 기재에 의해 그 매각기일의 것임을 특정할 수 있으면 개찰에 포함
사건번호를 적지 않은 경우	입찰 봉투, 매수신청보증 봉투, 위임장 등 첨부 서류의 기재에 의해 사건번호를 특정할 수 있으면 개찰에 포함
매각 물건이 여러 개인데, 물건번호를 적지 않은 경우	개찰에서 제외. 단, 물건의 지번·건물의 호수 등으로 적거나 입찰 봉투에 기재가 있어 매수신청 목적물을 특정할 수 있으면 개찰에 포함
입찰자 본인 또는 대리인의 이름을 적지 않은 경우	개찰에서 제외. 단, 고무인·인장 등이 선명해서 용이하게 판독할 수 있거나, 대리인의 이름만 기재되어 있으나 위임장·인감증명서에 본인의 기재가 있는 경우에는 개찰에 포함
입찰자 본인과 대리인의 주소·이름이 함께 적혀 있지만(이름 아래 날인이 있는 경우 포함) 위임장이 붙어 있지 않은 경우	본인의 입찰로서 개찰에 포함

입찰자 본인의 주소·이름이 적혀 있고 위임장이 붙어 있지만, 대리인의 주소·이름이 적혀 있지 않은 경우	본인의 입찰로서 개찰에 포함
위임장이 붙어 있고 대리인의 주소·이름이 적혀 있으나 입찰자 본인의 주소·이름이 적혀 있지 않은 경우	위임장의 기재로 보아 본인의 주소·이름을 특정할 수 있으면 개찰에 포함
한 사건에서 동일인이 본인인 동시에 다른 사람의 대리인이거나, 동일인이 2인 이상의 대리인을 겸하는 경우	쌍방의 입찰을 개찰에서 제외
입찰자 본인 또는 대리인의 주소나 이름이 위임장 기재와 다른 경우	이름이 다른 경우에는 개찰에서 제외. 이름이 같고 주소만 다른 경우에는 개찰에 포함
입찰자가 법인인 경우 대표자의 이름을 적지 않은 경우(날인만 있는 경우도 포함)	개찰에서 제외. 단, 법인 등기사항 증명서로 그 자리에서 자격을 확인할 수 있거나, 고무인·인장 등이 선명해서 용이하게 판독할 수 있는 경우에는 개찰에 포함
본인 또는 대리인의 이름 다음에 날인이 없는 경우	본인의 입찰로서 개찰에 포함
입찰가격의 기재를 정정한 경우	정정인(訂正印) 날인 여부를 불문하고, 개찰에서 제외
입찰가격의 기재가 불명확한 경우 예 5와 8, 7과 9, 0과 6 등	개찰에서 제외
보증금액의 기재가 없거나 그 기재된 보증금액이 매수신청보증과 다른 경우	매수신청보증 봉투 또는 보증서에 의해 정해진 매수신청보증 이상의 보증 제공이 확인되는 경우에는 개찰에 포함
보증금액을 정정하고 정정인이 없는 경우	매수신청보증 봉투 또는 보증서에 의해 정해진 매수신청보증 이상의 보증 제공이 확인되는 경우에는 개찰에 포함
하나의 물건에 대해 같은 사람이 여러 장의 입찰표를 제출한 경우	입찰표 모두를 개찰에서 제외
보증의 제공 방법에 관한 기재가 없거나 기간입찰표를 작성·제출한 경우	개찰에 포함
위임장은 붙어 있으나 위임장이 사문서로서 인감증명서가 붙어 있지 않은 경우, 위임장과 인감증명서의 인영이 틀린 경우	최고가매수신고인 결정 전까지 인감증명서를 제출하거나 그 밖의 이에 준하는 확실한 방법으로 위임장의 진정성립을 증명한 때에는 그 입찰자를 최고가매수신고인(차순위매수신고인)으로 결정할 수 있음

6. 입찰의 종결

1) 입찰의 마감

⑴ 입찰의 마감을 알리는 종이 울린 뒤 집행관이 이를 선언함으로써 입찰이 마감된다. 그러나 입찰표의 제출을 최고한 뒤 1시간이 지나지 않으면 입찰을 마감하지 못한다.

⑵ 매수가격의 신고가 없어 입찰을 최종적으로 종결하는 경우에 법원은 최저매각가격을 저감시켜 새 매각기일을 정한다.

2) 개찰

⑴ 입찰이 마감되었으면 입찰함을 열어 사건번호 순서로 입찰 봉투를 정리한 뒤 개찰한다.
입찰자는 개찰에 참여할 수 있으며, 입찰자가 아무도 참여하지 않으면 법원의 서기관·법원사무관·법원주사 또는 법원주사보 등 상당하다고 인정되는 사람이 참여한다.

⑵ 개찰할 때 집행관은 입찰자의 면전에서 먼저 기일입찰 봉투만 개봉해서 기일입찰표에 의해 사건번호(필요 시에는 물건번호 포함), 입찰목적물, 입찰자의 이름 및 입찰가격을 부른다.

⑶ 현금이나 자기앞수표로 매수신청보증을 제공한 경우에 매수신청보증 봉투는 최고의 가격으로 입찰한 사람의 것만 개봉해서 정해진 보증금액에 해당하는지를 확인한다.

＊ 매수신청보증이 정해진 보증금액에 미달하는 경우에는 그 입찰자의 입찰이 무효로 되고, 차순위의 가격으로 입찰한 사람의 매수신청보증을 확인한다.

3) 최고가매수신고인의 결정

(1) 개찰 결과 최고의 가격으로 입찰한 사람을 최고가매수신고인으로 정한다.

(2) 최고의 가격으로 입찰한 사람이 두 사람 이상일 경우에는 그 입찰자들만을 상대로 추가입찰을 실시해서 최고가매수신고인을 정한다.

두 사람 이상이 다시 최고의 가격으로 입찰한 경우에는 그들 중에서 추첨을 통해 최고가매수신고인을 정한다.

4) 차순위 입찰신고

(최고가 입찰자 이외의 입찰자 중 최고가 입찰액에서 보증금을 공제한 금액보다 높은 가격으로 응찰한 사람은 차순위 입찰신고를 할 수 있다.)

예컨대, 최고가 입찰가가 2억 원이고 입찰보증금이 2,000만 원인 경우에 2억 원에서 2,000만 원을 공제한 1억 8,000만 원보다 높은 가격(즉 1억 8,000만 원 이상 2억 원 미만)으로 응찰한 사람은 차순위 입찰신고를 할 수 있다.

차순위 입찰신고를 하게 되면 낙찰자가 매각대금을 납부하기 전까지는 보증금을 반환받지 못한다. 그 대신 최고가 입찰자에 국한된 사유로 그에 대한 매각이 불허되거나 매각이 허가되더라도 그가 매각대금을 납부하지 아니할 경우 다시 입찰을 실시하지 않고 바로 차순위 입찰신고인에게 매각을 허가한다.

5) 입찰의 종결

(1) 집행관은 최고가매수신고인의 성명과 그 가격을 부르고 차순위

매수신고를 최고한 뒤, 적법한 차순위매수신고가 있으면 차순위매수신고인을 정해 그 성명과 가격을 부른 다음 입찰 절차가 종결되었음을 고지한다.

(2) 응찰자가 없는 경우에는 매각기일을 마감하고, 법원이 최저매각가격을 20~30% 저감시켜 새 매각기일을 정한다.

7. 매수신청보증의 반환

입찰 절차의 종결이 고지되면 최고가매수신고인과 차순위매수신고인을 제외한 다른 입찰자는 입찰자용 수취증과 신분증(본인 여부 확인용)을 제출해서 매수신청보증을 즉시 반환받을 수 있다.

section 4

공유자의 우선매수

공유자우선매수권이란 경매가 진행되지 않은 나머지 지분권자에게 우선적으로 매수할 수 있는 권리를 부여하는 것이다.

공유자에게 우선매수권을 주는 이유는 지분 경매일 때 제3자에게 매각되는 것보다는 이해관계인인 공유자가 낙찰받는 것이 사회적으로 이익이 될 수 있고, 기존 지분권자가 나머지 지분을 매입하는 것이 온전한 부동산이 될 수 있기 때문이다.

1. 취지 및 시한

1) 공유자는 매각기일까지 매수신청의 보증을 제공하고 최고매수신고가격과 같은 가격으로 채무자의 지분을 우선 매수하겠다는 신고를 할 수 있다.

　따라서 공유자는 집행관이 최고가매수신고인의 이름과 가격을 호창하고 매각의 종결을 고지하기 전까지 최고매수신고가격과 동일가격으로 매수할 것을 신고하고 즉시 보증을 제공하면 적법한 우선매수권의 행사가 될 수 있으나, 매각의 종결 뒤에는 위 매수권을 행사할 수 없다.

　공유자가 우선매수신고를 한 경우에는 최고가매수신고인은 절차상 차순위매수신고인으로 취급된다.

2) 공유물 분할 판결에 기하여 공유물 전부를 경매에 붙여 그 매각대금을 분배하기 위한 현금화의 경우에는 공유자 우선매수가 적용되지 않는다(형식적 경매).

3) 공유자가 우선매수신고를 하였으나 다른 매수신고인이 없는 때에는 최저매각가격을 최고매수신고가격으로 보아 우선매수를 인정한다.

2. 공유자 우선매수신청을 할 수 없는 경우

1) 공유물 분할을 목적으로 하는 형식적 경매에서의 경매물건
2) 경매개시결정등기일 이후 취득한 공유지분권자
3) 공유지분이긴 하나 특정 부분을 구분하여 소유하는 형태의 구분소유적 공유관계인 경우
4) 여러 물건을 일괄매각하는 경우 해당 물건 중 일부에 대한 공유관

계의 공유자

3. 공유자 우선매수신청 방법

우선매수신청을 하려는 자는 담당 경매계에 공유자 우선매수신청을 하고, 경매기일에 최저 금액의 10%에 해당하는 보증금을 준비하여 당일 법원에 출석하면 된다.

입찰당일 최고가매수인이 나오면 집행관이 공유자 우선매수신청 여부를 묻고, 공유자가 매수 의사를 밝히고 기일입찰표를 작성하고 입찰보증금을 내면 공유자가 최고가매수인이 되는 것이다.

section 5

농지취득자격증명

1. 적격 농민에게만 농지 매입을 허용

농지를 취득하려는 자는 농지소재지를 관할하는 시장, 구청장, 읍장 또는 면장에게서 농지취득자격증명을 발급받아야 한다. 농지매수인의 농민 여부, 자경(自耕) 여부 및 농지소유상한 이내 여부 등 농지소유자격과 소유상한을 확인하고 심사하여 적격 농민에게만 농지 매입을 허용함으로써 비농민의 투기적 농지 매입을 규제하고 경자유전(耕者有田)의 실현을 도모하기 위해 만든 제도이다.

2. 입찰 전에 발급 여부를 문의

농지취득자격증명원은 그 발급기관에 따라 어려운 상황을 겪을 수 있으므로 입찰 전에 충분한 조사가 선행되어야 하며, 발급 담당자에게 입찰하려는 농지의 상황을 정확히 설명하여 발급 여부를 문의해야 한다.

또한 지목이 전답으로 농지취득자격증명원을 요하는 물건이라도 현황이 작물재배에 부적합한 상태일 때는 이를 법원에 통지하고 농지취득자격증명원 제출을 면제받을 수도 있다.

제주도의 경우에는 농지취득자격증명원 발급 조건이 육지에 비해 까다로우므로 반드시 입찰 전에 발급 가능 여부를 확인해야 한다.

3. 감정평가서와 현황조사서를 대조 확인

경매로 농지를 취득하려면 매각기일 법정에서 최고가매수인이 된 뒤 농지취득자격증명 발급대상이라는 최고가매수신고인증명서를 준다.

그것을 가지고 해당 부동산 소재지 읍, 면에 가서 농지취득자격증명원 담당에게 신청서를 작성하여 수수료 1천 원과 함께 제출하면 4일 내에 발급해 준다.

법원은 7일 내에 제출하도록 하는데 만약 불이행 시 입찰보증금은 몰수된다.

조심할 것은 농지가 지목은 농지이나 현황은 아닌 경우 증명서 발급이 안 되므로 필히 현황 조사를 하고 감정평가서와 현황조사서를 대조 확인해야 한다.

4. 농지취득자격증명 신청서

농지취득자격증명을 발급받으려는 자는 다음 각 호의 사항이 모두 포함된 농업경영계획서를 작성하여 농지소재지를 관할하는 시·구·읍·면의 장에게 발급 신청을 해야 한다. 다만 주말·체험 영농을 하려고 농지를 소유하는 경우에 따라 농지를 취득하는 자는 농업경영계획서를 작성하지 아니하고 발급 신청을 할 수 있다. 주말·체험 영농을 하려는 자는 총 1,000m^2 미만의 농지를 소유할 수 있다.

- **■ 농지취득자격증명 신청서 작성 항목**
  ① 취득 대상 농지의 면적
  ② 취득 대상 농지에서 농업경영을 하는 데 필요한 노동력 및 농업 기계·장비·시설의 확보 방안
  ③ 소유 농지의 이용 실태(농지 소유자에게만 해당한다)
  ④ 경작하려는 농작물 또는 재배하고자 하는 다년생 식물의 종류
  ⑤ 농작물의 경작지 또는 다년생 식물의 재배지 등으로 이용되고 있지 아니하는 농지의 경우에는 농지의 복구 가능성 등 취득 대상 토지의 상태
  ⑥ 신청자의 연령·직업 또는 거주지 등 영농 여건
  ⑦ 신청자의 영농 의지

5. 농지취득자격 증명 없이 취득 가능한 농지

1) 도시계획구역 내의 농지 : 농지전용에 관한 협의를 거쳐 주거·상업·공업지역 및 도시계획시설 예정지로 지정 또는 결정된 농지를 취득하는 경우.
2) 녹지지역·개발제한구역 안의 농지에 대하여 개발행위허가를 받거나 토지형질변경 허가를 받은 농지를 취득하는 경우.

6. 형질변경된 농지를 취득하는 방법

원상복구계획서를 첨부하여 농지취득자격증명원 신청을 한다.

■ 농지법 시행규칙 [별지 제3호서식] <개정 2017. 1. 19.>

농지취득자격증명신청서

(앞쪽)

※ 뒤쪽의 신청안내를 참고하시기 바라며, 색상이 어두운 란은 신청인이 작성하지 않습니다.

접수번호			접수일자			처리기간	4일 (농업경영계획서를 작성하지 않는 경우에는 2일)	
농지취득자 (신청인)	①성 명 (명 칭)		②주민등록번호 (법인등록번호)			⑤취득자의 구분		
	③주 소					농업인	신규 영농	주말·체험영농	법인 등
	④전화번호								

취득 농지의 표시	⑥소 재 지			⑦지번	⑧지목	⑨면적(m²)	⑩농지구분		
	시·군	구·읍·면	리·동				농업진흥지역		영농여건 불리농지
							진흥구역	보호구역	진흥지역 밖

⑪취득원인	
⑫취득목적	농업경영 / 주말·체험영농 / 농지전용 / 시험·연구·실습지용 등

「농지법」 제8조제2항, 같은 법 시행령 제7조제1항 및 같은 법 시행규칙 제7조제1항제2호에 따라 위와 같이 농지취득자격증명의 발급을 신청합니다.

년   월   일

농지취득자(신청인)   (서명 또는 인)

시장·구청장·읍장·면장 귀하

첨부서류	1. 별지 제2호서식의 농지취득인정서(법 제6조제2항제2호에 해당하는 경우만 해당합니다) 2. 별지 제4호서식의 농업경영계획서(농지를 농업경영 목적으로 취득하는 경우만 해당합니다) 3. 농지임대차계약서 또는 농지사용대차계약서(농업경영을 하지 않는 자가 취득하려는 농지의 면적이 영 제7조제2항제5호 각 목의 어느 하나에 해당하지 않는 경우만 해당합니다) 4. 농지전용허가(다른 법률에 따라 농지전용허가가 의제되는 인가 또는 승인 등을 포함합니다)를 받거나 농지전용신고를 한 사실을 입증하는 서류(농지를 전용목적으로 취득하는 경우만 해당합니다)	수수료 : 「농지법 시행령」 제74조에 따름
담당공무원 확인 사항	1. 토지(임야)대장 2. 주민등록표등본 3. 법인 등기사항증명서(신청인이 법인인 경우만 해당합니다)	

행정정보 공동이용 동의서

본인은 이 건 업무처리와 관련하여 담당공무원이 「전자정부법」 제36조제1항에 따른 행정정보의 공동이용을 통하여 위의 담당공무원 확인사항을 확인하는 것에 동의합니다. *동의하지 않는 경우에는 신청인이 직접 관련서류를 제출하여야 합니다.

신청인(대표자)   (서명 또는 인)

210mm×297mm[백상지 80g/m²]

원상복구계획서

성명 :

주민등록번호 :

주소 :

상기 본인은   번지의 농지를 소유함에 있어 현재   이유로 농지가 아니므로 취득 후 농업경영이 가능한 상태로   까지 원상복구를 할 것이며, 이를 어길 시 어떠한 처벌도 감수하겠습니다.

            20   .   .   .

                    제출인 _____

                  시(군)   읍(면)장 귀하

section 6

경매기록의 열람과 복사

1) 매각기일에 최고가매수인으로 결정되면 혹시나 모를 권리분석의 하자 가능성을 면밀히 확인해야 한다.

 그러기 위해서는 경매기록 열람이 필요하다. 최고가매수인이 된 이후에는 이해관계인으로서의 자격이 생겨 경매기록 열람이 가능하다.

 최고가매수인의 법원경매기록 열람은 통상 입찰기일 다음 날부터 가능하므로 법원 구내 은행에서 500원 정부수입인지를 열람신청서에 첨부하여 제출 후 법원기록을 열람한다.

2) 법원기록 열람 시 점유자의 연락처 등 점유자에 대한 기록을 꼼꼼히 챙겨서 기록하고, 혹시나 모를 권리분석의 하자 가능성도 면밀히 따져보아야 한다.

 세금과 건강보험 등 공적 요금의 우선순위도 적어 체크해야 한다.

3) 경매사건 열람 후 예상하지 못한 문제가 발견되었을 경우 매각불허가 신청이나 매각허가결정취소신청을 해야 한다.

 ■ 재판기록 열람복사 신청 방법
 ① 청구인·영수인 란은 서명 또는 기명날인.
 ② 소송대리인·변호인의 사무원이 열람·복사하는 경우에는 담당 사무원

란에 그 사무원의 성명을 기재.

③ 신청 수수료는 1건당 500원(수입인지로 납부)이다.

④ 법원복사기로 복사하는 경우에는 1장당 50원의 복사비용을 수입인지로 납부.

재판기록 열람복사 신청서				허	부

청구인	성명		전화번호	
			담당 사무원	
	자격		소명자료	

청구 구분	□ 열람 □ 복사

대상 기록	사건번호	사건명	재판부

복사할 부분	(복사매수 매)

복사 방법	□ 필사 □ 변호사단체 복사기 □ 법원 복사기

신청 수수료	□ 500원 □ 면제	(수입인지 첨부란)
복사 비용	원 (매×50)	

비고	

접수 일시	. . . :	영수인	
영수 일시	. . . :		

section 7

매각허가 및 대금납부

최고가 입찰자에 대하여 매각기일에 매각허가 여부를 선고하며 매각허가결정이 확정되면 법원이 정하여 통지하는 날까지 낙찰대금을 납부해야 한다.

1. 매각허가 여부 선고

입찰기일로부터 1주일 뒤 법원에서 매각허가결정이 나며, 그때부터 1주일간은 매각허가결정에 대한 이의신청 기간이다.

이의신청 기간이 지나면 잔금납부 통지서를 법원에서 보내준다. 잔금은 매각기일로부터 2주 뒤부터 납부가 가능하며, 잔금납부 기간은 4주간이다.

2. 경매는 그 제도의 특성상 물건 자체에 숱한 함정을 내포하고 있다

경매물건의 수만큼이나 다양하고 복잡한 문제가 존재하고 이로 인해 다수의 입찰자가 함정에 빠지기도 한다.

경매 함정에 빠졌을 때 구제 방법으로 민사집행법은 매각불허가신청과 즉시항고를 규정하고 있다.

입찰에 응해 낙찰받았을 경우 매각기일로부터 7일간 주어진 매각불허가신청 기간 동안 법원에 보관된 집행기록 열람 또는 낙찰부동산의 현장 방문을 통해 물건 상태나 점유관계 등을 다시 파악하여 전에 확인하고 파악한 것과 다름이 없는지 알아보아야 한다.

낙찰부동산에 예상하지 못한 하자가 발견되었을 때 매각불허가신청을 해야 한다.

3. 매각불허가결정이 나는 사례 6가지

이 중에는 응찰자의 명백한 잘못인 경우도 있지만 애초에 경매 자체가 불가능한 물건이었거나 응찰자 입장에선 도저히 문제를 알 수 없는 경우도 많다.

1) 농지에 응찰, 농지취득자격증명을 제출하지 못한 경우

입찰일로부터 통상 1주일 내에 정해지는 매각허가기일 전까지 농지취득자격증명원을 발급받아 법원에 제출해야 한다.

미제출 시 낙찰이 불허됨은 물론, 법원에 따라서는 입찰보증금까지 몰수한다. 제주도의 경우 농지취득자격증명원 발급이 어려우므로 사전에 발급 여부를 반드시 확인해야 한다.

2) 학교법인 또는 장학재단인 강제경매 사건일 때

소유자 겸 채무자가 학교법인 또는 장학재단인 강제경매 사건일 때 채권자가 낙찰허가일 전까지 주무 관할청의 허가서를 제출하지 못한 경우

3) 잉여의 가망이 없는 경우 경매 취소가 적용되는 경우

이는 유찰이 거듭돼 경매를 신청한 채권자에게 배당이 불가능할 때 재판부가 직권으로 경매의 진행을 정지시키는 것을 말한다.

이와 같은 경우는 채권자의 매수청구가 없는 한 입찰을 실시하지 말아야 하는 것이 원칙이다.

한편 이처럼 경매신청 채권자에게 잉여의 가망이 없더라도 1순위 저당권자 등의 병합된 경매신청(중복경매)이 있다면 입찰은 속행되고 낙찰허가에 문제가 되지 않는다.

4) 매각불허가 등의 신청을 한 경우

2순위 임차인이 매각허가일 전 또는 매각잔금 납부 전까지 1순위 저당권을 대위변제함에 따라 최고가 입찰자 또는 낙찰자가 매각불허가 신청 또는 매각허가결정 취소신청을 하는 경우

5) 하자 있는 입찰로 매각이 불허가되는 경우

이해관계인에게 입찰기일 통지 등의 송달을 누락시킴에 따라 하자 있는 입찰로 매각이 불허가되는 경우.

  법원은 입찰을 실시할 때 상당기일 전에 해당 사건의 이해관계인에게 입찰기일 등의 송달을 실시한다. 그러나 간혹 이를 빠뜨리고 입찰을 실시해 최고가 입찰자가 선정되고 난 뒤 매각허가일에 하자 있는 입찰임이 밝혀져 매각불허가결정이 되는 수가 있다.

6) 입찰 당일 물건명세서상 하자가 있는 경우

4. 매각불허가신청

1) 경매는 그 제도의 특성상 물건 자체에 숱한 함정을 내포하고 있다. 등기부등본에 기재되지 않는 권리로도 문제가 발생할 수 있고 임차인과의 문제, 감정평가서와 물건 현황과의 불일치에서 오는 문제, 인도(명도) 등 경매물건의 수만큼이나 다양하고 복잡한 문제가 존재하고 이로 인해 다수의 입찰자가 함정에 빠지기도 한다. 경매 함정에 빠졌을 때 구제 방법으로 민사집행법은 우선적으로 매각불허가신청과 즉시항고를 규정하고 있다.

  매각불허가신청이라 함은 경매 절차에서의 이해관계인이 매각을

허가해서는 안 된다는 소송법상의 진술을 말한다. 이를 매각허가에 대한 이의라고도 하며, 서면으로 신청할 수도 있다.

2) 입찰에 응해 낙찰받았을 경우 즐거운 마음으로 잔금을 준비할 것이 아니라 매각기일로부터 7일간 주어진 매각불허가신청 기간 동안 법원에 보관된 집행기록 열람 또는 재차 현장 탐문을 통해 물건 상태나 점유관계 등을 다시금 파악해보고 알 수 없었던 권리관계나 경매 절차상의 하자는 없는지 등을 알아보아야 한다.

최고가매수인으로 정해지면 이해관계인으로서 경매기록을 열람할 수 있다. 보통 입찰기일 다음 날부터 열람이 가능하다.

경매기록 열람을 통하여 정확한 권리분석과 점유자들의 연락처를 확인하여 부동산 경매 참여에 문제가 있는지 없는지를 확인해야 한다. 또한 현장을 방문하여 임차인 등을 만나는 것이 좋다.

최고가매수신고인은 매수신고한 부동산에 대하여 중대한 흠이 있거나 예상치 못한 인수되는 부담이 있을 경우 법원에 매각불허가신청을 할 수 있다.

3) 원칙적으로 경매를 진행할 때 열람시켜준 서류에 하자가 있을 때는 매각불허가신청이 가능하다.

감정평가서의 가격이 실제에 비해 과다하게 높게 평가되었다면 불허가신청은 할 수 있다. 그러나 그것을 입증해서 판사를 이해시키려면 어렵다.

같은 부동산이라도 상황과 사람에 따라 가격이 얼마든지 차이가 난다. 따라서 최근의 거래시세, 가격상황, 인근 부동산 확인서 등을 첨부해서 낸다.

매각불허가신청서

채 권 자 :
채 무 자 :
소 유 자 :

위 당사자 간 귀원   타경   호 부동산 임의경매사건에 관하여 아래와 같은 사유로 인하여 불허가를 신청하나이다.

신청 취지

위 사건에 관하여 신청인은 최고가매수신고인으로서 다음과 같은 이유로 낙찰불허가를 신청합니다.

신청 이유

1. 위 신청인은   년   월   일 지방법원   타경   부동산 임의경매사건에 관하여 최고가매수인으로 결정되었습니다.
2. 위와 같은 이유로 본인에게는 상당한 재산상의 피해가 예견되어, 매각불허가를 신청하오니 부디 이점 헤아려주시기 바랍니다.
3.

첨부서류

1. 감정평가서 사본 1부
2. 토지이용계획확인원 1부

20   년   월   일

신청인(최고가매수신고인) _____ (인)

지방법원 귀중

5. 매각허가결정취소

법원이 최고가 매수인에 대하여 매각허가결정을 하였으나 매수인이 잔금을 내지 못할 사유가 있다면 매각허가결정취소신청을 할 수 있다.

1) 부동산상의 권리에 현저한 변동 시 취소 가능

매각허가결정이 있었더라도 천재지변이나 그 밖의 매수인이 책임질 수 없는 사유로 인해 매수신고한 경매부동산에 대한 부담이 증가하거나, 또는 부동산상의 권리에 현저한 변동이 있다면 매수인은 매각허가결정에 대한 취소신청을 할 수 있다.

2) 매각허가결정취소신청서는 등기우편으로 제출이 가능하다.

매각허가결정취소신청서에는 인지와 송달료를 납부해야 한다.

반드시 매각대금을 납부하기 전까지 해야 하며, 매각대금납부 뒤에는 신청을 할 수 없다.

매각허가결정취소신청은 7일이라는 기간의 적용을 받지 않으며, 재매각기일의 3일 이전까지로 볼 수 있다.

3) 납부한 보증금 반환

매각허가결정취소 결정이 있으면 매수인은 모든 책임을 면하고 매수신청할 때 납부한 보증금을 반환받을 수 있다.

4) 매각허가 여부에 대한 즉시항고

이해관계인과 매수인 또는 매각허가를 주장하는 매수신고인도 즉시항고를 할 수 있다.

즉시항고를 하려는 항고인은 원결정을 고지받은 날부터 1주일 이내에 항고장을 원심법원에 제출해야 하며, 매각허가결정에 대하여 항고를 하고자 하는 사람은 보증으로 매각대금의 10분의 1에 해당하는 금액을 공탁해야 한다.

채무자나 소유자가 한 항고가 기각된 때에는 항고인은 보증금을 돌려줄 것을 요구하지 못한다.

매각허가결정에 대한 항고 시에 적용되는 것이므로 매각불허가결정에 대하여는 보증을 제공할 필요가 없다.

5) 매각허가에 대한 이의신청은 7개 사유에 해당되어야 한다.
① 강제집행을 허가할 수 없거나 계속 집행할 수 없을 때
② 최고가매수신고인이 부동산을 매수할 능력이나 자격이 없는 때
③ 부동산을 매수할 자격이 없는 사람이 최고가매수신고인을 내세워 매수신고를 한 때
④ 최고가매수신고인, 그 대리인 또는 최고가매수신고인을 내세워 매수신고를 한 사람이 제108조 각 호(매각장소의 질서유지 차원에서 집행관이 매수신청을 금지한 사람) 가운데 어느 하나에 해당되는 때
⑤ 최저매각가격의 결정, 일괄 매각의 결정 또는 매각물건명세서의 작성에 중대한 흠이 있는 때
⑥ 천재지변, 그 밖의 자기가 책임을 질 수 없는 사유로 부동산이 현저하게 훼손된 사실 또는 부동산에 관한 중대한 권리관계가 변동한 사실이 경매 절차의 진행 중에 밝혀진 때
⑦ 경매 절차에 그 밖의 중대한 잘못이 있는 때

매각대금지급기한변경 및 매각허가결정취소신청

사　건
채 권 자
채 무 자
소 유 자
신청인(매수인)

신청 취지

　　　타경　　호 부동산임의경매사건에 대한 매각대금지급기한을 변경하고 매각허가결정을 취소한다라는 결정을 구합니다.

신청 이유

1. 신청인은
2.
3.

첨부서류

1.
2.

지방법원 귀중

section 8

사건 사고

거액의 돈이 오가는 경매에서 실수는 치명적이다. 한 번의 실수로 굉장한 타격을 받을 수가 있다. '한 번 실수는 병가지상사'라지만 한 번의 실수로 두 번 다시 일어나지 못하는 경우도 있기에 조심 또 조심해야 할 것이다.

부동산 경매에서 실수는 크게 세 가지(권리분석의 잘못, 계산 착오, 입찰표 작성 실수)로 나눌 수 있다.

1. 권리분석의 잘못

법원기록을 처음부터 끝까지 꼼꼼히 읽으며 중요한 것은 적어서 다시 한 번 확인하고 조금 자신 있다고 하여 넘어가지 말고 정독하다 보면 실수를 줄이게 된다. 조금이라도 의심쩍은 부분이 있으면 주변의 전문가를 통해서라도 확실히 알고 입찰해야 한다.

2. 계산 착오

중개업소에 매물로 나오는 호가를 시세로 알고 그 가격에 매매 가능한 것으로 잘못 판단하고 있거나 추가적인 비용을 빠뜨리는 경우이다. 현장 답사를 열심히 하면 실수를 줄일 수 있다.

3. 입찰표 작성 실수

입찰에 참여한 경험이 많지 않은 초보자들은 입찰표 작성 시에 잦은 실수를 하게 된다. 본격적인 입찰에 들어가기 전에 법원으로 가서 입찰표를 직접 작성하는 가상의 연습을 여러 번 해보거나 입찰서를 사전에 입수하여 입찰장 가기 전에 작성하여 가는 것이 좋다. 입찰표는 대법원 경매정보에 보면 서식이 있다.

4. 실제 경매 실패 사례

경매의 사례는 다양하다. 경매사건마다 모두 개별성을 갖고 있어 다른 사연을 품고 있다. 언제 어떤 방향에서 어떤 문제가 터질지 모른다.

1) 입찰 당일의 일반적 사고

(1) 입찰마감시간을 맞추지 못해 입찰이 거부되는 경우

대부분 법원의 입찰시간은 오전 10시 10분부터 11시 10분까지로 정해져 있지만 일부 법원은 시간이 다르기에 경매법정 입찰시간을 정확하게 체크해서 정해진 시간 내에 도착해야 한다.

(2) 당일 진행되지도 않는 물건에 입찰한 경우

경매물건은 법원에서 공고 후 2주가 지나서 입찰에 붙여지기 때문에 그간 변경, 연기되거나 취하되는 물건이 흔하게 있음에도 이를 확인하지 않고 입찰에 응한 결과다.

입찰 전 대법원 경매정보 또는 담당 경매계에 문의를 통해 미리 확인하거나 최소한 입찰 당일 경매법정 출입문 쪽에 게시된 사건 목록 확인을 통해 입찰하고자 하는 물건의 진행 여부를 반드시 확인해야 한다. 보통 최소 하루 전에 법원에서 공고를 하지만 입찰 당일 게시판에 게시하는 경우도 있다. 제대로 체크하지 않으면 먼 거리를 움직이는데 시간과 금전적인 손해를 보는 경우도 있다.

(3) 입찰서류 미비로 입찰이 무효 처리되는 경우

예컨대 대리입찰의 경우 입찰표와 보증금 외에 본인의 인감증명서, 위임장 및 법인이 입찰하는 경우의 법인등기부 등·초본을 첨부해야 하는 바, 이들 서류를 빠뜨리고 하는 입찰은 무효 사유가 된다.

(4) 이상 열거한 사고들은 그간 들였던 노력과 시간들을 헛되이 하는 것이지만 그래도 다행인 것은 입찰무효 처리되는 경우 입찰보증금을 모두 반환받기 때문에 금전적 손실이 없다는 점이다.

2) 실제 금전적 손실이 발생하거나 좀 더 저가에 낙찰받을 수 있었던 사례

치명적인 사고는 입찰표에 입찰가액을 잘못 기재하는 데서 비롯된다. 즉 입찰가를 당일 법정 분위기에 떠밀려 예상액보다 높게 쓰는 실수이다.

입찰표의 가액란에 실수로 '0'을 하나 더 붙여 기재하고 이를 확인하지 못한 채 입찰표를 제출하는 형태의 대형 사고도 있다.

이들 입찰가액 잘못 기재로 인한 고가 낙찰은 매각불허가 사유가 되지 않기 때문에 낙찰자들은 결국 대금납부를 포기할 수밖에 없고, 입찰보증금으로 제공하였던 금액은 몰수당하게 된다.

이상 예시한 사고들 외에도 하나의 입찰표에 여러 개의 사건번호를 기재하여 입찰하는 경우, 하나의 사건번호에 여러 개의 물건번호가 있는데 그 물건번호를 기재하지 않고 입찰하는 경우, 입찰표상의 입찰금액을 수정한 채로 입찰표를 제출하여 무효가 되는 경우 등 입찰 당일에 발생할 수 있는 사고들이 많으므로 주의해야 한다. 이런 사고는 경매 초보만의 문제가 아니라 경매 전문가들에게도 일어날 수 있는 사고라는 것을 명심하고 항상 꼼꼼히 체크하는 자세를 유지해야 경매라는 세계에서 오래 살아남을 수 있다는 것을 명심해야 할 것이다.

경매는 이론이 아니라 실전이고 발품다. 물건 선정에서부터 권리분석, 현장 조사, 입찰 및 명도에 이르기까지 한시도 방심할 수 없는 것 또한 경매라는 점을 명심해야 한다. 경매에서 실수 또는 시행착오를 했다는 것은 바로 입찰보증금 몰수나 투자 손실 등 금전적 손실로 귀결된다는 것을 의미한다. 금전적 손실은 적게는 수십만 원에서 많게는 수억 원에 이를 수 있다.

입찰하여 떨어졌을 때는 섭섭한 마음이 있어도 걱정은 없지만, 최고가매수인이 되었을 때는 불안이 엄습해오는 것이 현실이다.

다음은 부동산 경매에서 실수라기보다는 아쉬움이 많은 사례들이다. 이런 사례를 분석하여 반면교사로 삼으면 좀 더 나은 가격에 낙찰 받을 수 있는 실력이 갖추어질 것이다.

(1) 실수보다는 아쉬움이 남는 사례 1

서울시 강동구 소재 아파트로 최저가 감정가의 80%일 때는 응찰자가 없어 유찰되었으나, 최저가가 감정가의 64%일 때 응찰자가 20명으로 낙찰가는 감정가의 97.5%에 낙찰되었다.

입찰법원안내	서울/동부지법 경매1계	2013 타경 2083○			조회 : 127	대법원경매정보
입찰법원	서울/동부지법 경매1계 02-2204-2405(구내2405)	사건명	부동산임의경매	계시결정일	2013.11.14	
사건번호	2013-20834	물건번호		배당요구종기일	2014.02.03	
소재지	서울특별시 강동구 명일로 172, 110동 3층 310호 (둔촌동,둔촌푸르지오아파트) 지도검색 로드뷰 서울특별시 강동구 둔촌동 630 둔촌푸르지오 110동 3층 310호 역세권정보 (700m)길동역 (1000m)둔촌동역					
입찰일	2014.06.30 [10:00입찰법정7호법정] (월)	진행상태	낙찰	유찰횟수	3	
물건용도	아파트 KB	입찰보증금	(10%) 46,720,000	청구액	741,012,911	
채권자	디스커버리제1호유동화전문유한회사(변경전:(주)국민은행)	감정가	730,000,000	토지	53.55㎡ (16.2 평)	
채무자	○창준	최저가	(64%) 467,200,000	건물	113.67㎡ (34.4 평)	
소유자	○창준	낙찰가	(20명 97.5%) 712,000,000	제시외		

경매진행내역			
입찰일	결과	금액	
2014.03.10 (월)	유찰	730,000,000	(100%)
2014.04.14 (월)	유찰	730,000,000	(100%)
2014.05.26 (월)	유찰	584,000,000	(80%)
2014.06.30 (월)	낙찰 응찰 20 방○호	467,200,000 712,000,000	(97.5%)
2014.07.07 (월)	매각결정기일	최고가매각허가결정	

유찰: 3회 / 낙찰: 1회
진행: 4회

임대차내역			
성명(상호)	전입(사업자)	보증금	비고
주○주(주민등록 등재자)	전입 2013.09.16 확정 2013.09.16 배당 2014.01.10	45,000,000	입구방2칸
최○연(주민등록 등재자)	전입 2013.09.05 확정 2013.09.05 배당 2014.01.10	45,000,000	안방1칸

▶ 개시결정 : 2013.11.14
▶ 말소기준 : 2011.05.04 근저당권
▶ 배당요구 : 2014.02.03
▶ 총보증금 : 90,000,000 원

(2) 실수보다는 아쉬움이 남는 사례 2

경기도 김포시 주택이며 최저가 감정가의 49.0%일 때는 응찰자가 없어 유찰되었으나, 최저가가 감정가의 34.3%일 때 응찰자가 9명으로 낙찰가는 감정가의 83.3%에 낙찰되었다.

입찰법원	인천/부천지원 경매6계 320-1136(구내 1136)	사건명	부동산임의경매	개시결정일	2013.01.31
사건번호	2013-300○	물건번호	1	배당요구종기일	2013.05.20
소재지	경기도 김포시 통진읍 서암리 30-3 경기도 김포시 검압2로 100-42(통진읍)				
입찰일	2014.06.24 [10:00제151호법정] (화)	진행상태	낙찰	유찰횟수	4
물건용도	단독/다가구	입찰보증금	(10%) 43,209,500	청구액	1,318,327,299
채권자	농협자산관리회사(변경전:인천강화옹진축산업협동조합)	감정가	1,799,647,000	토지	7002㎡ (2118.1 평)
채무자	이○주	최저가	(24%) 432,095,000	건물	132.45㎡ (40.1 평)
소유자	이○주	낙찰가	(9명 83.3%) 1,500,000,000 (차순위 : 80%) 1,440,000,000	제시외	24㎡ (7.3 평)

경매진행내역			
입찰일	결과	금액	
2013.06.18 (화)	변경	220,570,000	(12.3%)
2013.08.27 (화)	유찰	1,799,647,000	(100%)
2013.10.08 (화)	유찰	1,259,753,000	(70%)
2013.11.12 (화)	유찰	881,827,000	(49%)
2013.12.10 (화)	변경	617,279,000	(34.3%)
2014.03.04 (화)	변경	617,279,000	(34.3%)
2014.05.20 (화)	유찰	617,279,000	(34.3%)
2014.06.24 (화)	낙찰 응찰 9 홍○욱외1 차순위 : 1,440,000,000	432,095,000 1,500,000,000	(83.3%)
2014.07.01 (화)	매각결정기일	최고가매각허가결정	
2014.08.04 (월)	대금지급기한	진행	

▶ 유찰: 4회 / 낙찰: 1회 / 변경: 3회
▶ 총진행: 8회

임대차내역			
성명(상호)	전입(사업자)	보증금	비고
조사된 임차내역 없음			

▶ 개시결정 : 2013.01.31
▶ 말소기준 : 2006.03.30 근저당권
▶ 배당요구 : 2013.05.20

(3) 권리분석 잘못으로 인한 사고

낙찰이 세 번되었으나 먼저 낙찰된 두 번은 최고가매수인이 잔금을 납부하지 않아 입찰보증금이 몰수된 사건이다.

배당요구한 선순위 세입자이지만 확정일자를 받지 않아 매수인이 세입자의 임차보증금을 인수해야 하지만, 권리분석을 잘못하여 입찰보증금을 몰수당한 사건이다.

입찰법원	인천/부천지원 경매9계 032-320-1139	사건명	부동산강제경매	계시결정일	2013.08.01
사건번호	2013-20910○	물건번호		배당요구종기일	2013.10.15
소재지	경기도 부천시 원미구 부일로205번길 32, 3층 308호 (상동,하이센스빌) 경기도 부천시 원미구 상동 412-1 하이센스빌 3층 308호				
입찰일	2015.02.04 [10:00세151호법정] (수)	진행상태	낙찰	유찰횟수	6
물건용도	오피스/원룸	입찰보증금	(20%) 1,882,400	청구액	387,445,662
채권자	신용보증기금	감정가	80,000,000	토지	3.84㎡ (1.2평)
채무자	박○옥	최저가	(12%) 9,412,000	건물	27.24㎡ (8.2평)
소유자	박○옥	낙찰가	(3명 13%) 10,378,900 (차순위: 12.8%) 10,250,000	제시외	

경매진행내역				임대차내역			
입찰일	결과	금액		성명(상호)	전입(사업자)	보증금	비고
2014.02.12 (수)	유찰	80,000,000	(100%)	조○환	전입 2012.09.10 배당 2013.09.06	70,000,000	전부
2014.03.19 (수)	낙찰 응찰 1 이○숙	56,000,000 70,700,000	(88.4%)				
2014.05.28 (수)	유찰	56,000,000	(70%)	▶ 개시결정 : 2013.08.01			
2014.07.02 (수)	유찰	39,200,000	(49%)	▶ 말소기준 : 2013.01.09 가압류			
2014.08.06 (수)	유찰	27,440,000	(34.3%)	▶ 배당요구 : 2013.10.15			
2014.09.17 (수)	낙찰 응찰 1 유○열	19,208,000 20,111,000	(25.1%)	▶ 총보증금 : 70,000,000 원			
2014.11.19 (수)	유찰	19,208,000	(24%)	소액(주택)▶ 소액(상가)▶ 매각물건명세서▶ 현황조사서▶			
2014.12.24 (수)	유찰	13,446,000	(16.8%)				
2015.02.04 (수)	낙찰 응찰 3 (주)에○티 차순위: 10,250,000	9,412,000 10,378,900	(13%)				
2015.02.11 (수)	매각결정기일	최고가매각허가결정					
2015.03.19 (목)	대금지급기한	진행					

(4) 단지 0을 하나 더 썼을 뿐인데

기일입찰표 기재를 잘못하여 잔금납부를 못 하고 입찰보증금은 몰수당한 사건이다.

응찰 시 입찰금액을 2억을 쓰려고 하였으나 20억을 써서 최고가매수인이 되었으나 결국 잔금납부를 하지 못했다.

입찰법원	인천/부천지원 경매5계 032)320-1135(구내 1135)	사건명	부동산임의경매	계시결정일	2013.09.16
사건번호	2013-24844○	물건번호		배당요구종기일	2013.11.27
소재지	경기도 김포시 풍무로 35, 207동 3층 301호 (풍무동,당곡마을) 🗺지도검색 🚗로드뷰 구주소 경기도 김포시 풍무동 743 당곡마을 현대 207동 3층 301호				
입찰일	2014.08.07 [10:00 제151호법정] (목)	진행상태		배당	
				유찰횟수	1
물건용도	아파트 KB	입찰보증금	(20%) 31,500,000	청구액	278,677,584
채권자	유에이치케이삼제삼차유동화전문유한회사(변경전:수산업협동조합중앙회)	감정가	225,000,000	토지	56.04㎡ (17 평)
채무자	조○숙	최저가	(70%) 157,500,000	건물	115.22㎡ (34.9 평)
소유자	조○숙	낙찰가		제시외	

경매진행내역				임대차내역			
입찰일	결과	금액		성명(상호)	전입(사업자)	보증금	비고
2014.03.20 (목)	유찰	■ 225,000,000	(100%)	권○수	전입 2008.03.28 확정 2008.03.28 배당 2013.11.08	20,000,000 차입 : 800,000	전부
2014.04.24 (목)	낙찰 응찰 11 이○복 차순위 : 207,999,900	■ 157,500,000 ■ 2,002,950,000	(890.2%)				
2014.08.07 (목)	배당 응찰 9 전○희 차순위 : 195,580,000	■ 157,500,000 ■ 198,780,000	(88.3%)				

▶ 개시결정 : 2013.09.16
▶ 말소기준 : 2006.12.26 근저당권
▶ 배당요구 : 2013.11.27
▶ 총보증금 : 20,000,000 원
▶ 차입총액 : 800,000 원

▶ 유찰: 1회 ▶ 배당: 1회 ▶ 낙찰: 1회
▶ 총진행: 3회

[용어설명 ▶] [기일내역 ▶]
[소액(주택) ▶] [소액(상가) ▶] [매각물건명세서 ▶] [현황조사서 ▶]

(5) 1위는 124.7%, 2위는 77.0%

최저가는 감정가의 70%에서 입찰하여 응찰자가 2명에 최고가매수인은 감정가의 124.7%였으며, 2위는 감정가의 77.1%로 1위와 2위 차이는 무려 47.6%인 사건이다.

입찰법원	인천/부천지원 경매7계 320-1137(구내 1137)	사건명	강제	계시결정일	2013.09.17
사건번호	2013-24950○	물건번호		배당요구종기일	2013.12.10
소재지	경기도 김포시 풍무로 113, 104동 15층 1503호 (풍무동,신안아파트) 🗺지도검색 🚗로드뷰 구주소 경기도 김포시 풍무동 100 신안 104동 15층 1503호				
입찰일	2014.03.13 [10:00 제151호법정] (목)	진행상태		낙찰	
				유찰횟수	1
물건용도	아파트 KB	입찰보증금	(10%) 15,050,000	청구액	60,000,000
채권자	윤○년	감정가	215,000,000	토지	63.28㎡ (19.1 평)
채무자	김○희	최저가	(70%) 150,500,000	건물	129.31㎡ (39.1 평)
소유자	김○희	낙찰가	(2명 124.7%) 268,050,000 (차순위 : 77.1%) 165,790,000	제시외	

경매진행내역				임대차내역			
입찰일	결과	금액		성명(상호)	전입(사업자)	보증금	비고
2014.02.06 (목)	유찰	■ 215,000,000	(100%)	윤○옥	전입 2006.06.09		미상
2014.03.13 (목)	낙찰 응찰 2 함○규 차순위 : 165,700,000	■ 150,500,000 ■ 268,050,000	(124.7%)				
2014.03.20 (목)	매각결정기일						

▶ 개시결정 : 2013.09.17
▶ 말소기준 : 2006.06.07 근저당권
▶ 배당요구 : 2013.12.10

▶ 유찰: 1회 ▶ 낙찰: 1회
▶ 총진행: 2회

[용어설명 ▶] [기일내역 ▶]
[소액(주택) ▶] [소액(상가) ▶] [매각물건명세서 ▶] [현황조사서 ▶]

(6) 과감성이 부족했던 사례

충남 당진시 토지이며, 최저가 감정가의 24.0%일 때는 응찰자가 없어 유찰되었으나, 최저가가 감정가의 16.8%일 때 응찰자가 13명으로 낙찰가는 감정가의 33.1%에 낙찰되었다.

입찰법원	대전/서산지원 경매1계	사건명	부동산임의경매	개시결정일	2016.07.01
사건번호	2016-5769○	물건번호	26	배당요구종기일	2016.09.29
소재지	충청남도 당진시 석문면 교로리 352-30 [지도검색] [로드뷰]				
입찰일	2017.07.25 [10:00] (화)	진행상태	낙찰	유찰횟수	5
물건용도	임야	입찰보증금	(10%) 2,283,100	청구액	460,000,000
채권자	김○진	감정가	135,840,000	토지	849㎡ (256.8평)
채무자	(주)명문	최저가	(17%) 22,831,000	건물	
소유자	(주)명문	낙찰가	(13명 33.1%) 45,000,000	제시외	

경매진행내역				임대차내역			
입찰일	결과	금액		성명(상호)	전입(사업자)	보증금	비고
2017.01.10 (화)	유찰	135,840,000	(100%)	조사된 임차내역 없음			
2017.02.21 (화)	유찰	95,088,000	(70%)	▶ 개시결정: 2016.07.01			
2017.03.28 (화)	유찰	66,562,000	(49%)	▶ 말소기준: 2014.07.04 근저당권			
2017.05.02 (화)	유찰	46,593,000	(34.3%)	▶ 배당요구: 2016.09.29			
2017.06.13 (화)	유찰	32,615,000	(24%)	[소액(주택)] [소액(상가)] [매각물건명세서] [현황조사서]			
2017.07.25 (화)	낙찰 응찰 13 김○진	22,831,000 45,000,000	(33.1%)	
2017.08.01 (화)	매각결정기일	최고가매각허가결정		
2017.09.08 (금)	대금지급기한	납부 (2017.09.08)		

(7) 정확한 자금 계획과 차분한 입찰가 산정이 필요했던 사례

충남 당진 공장 경매물건이며, 1차 낙찰자인 서광푸드는 잔금을 납부하지 않아 입찰보증금은 몰수되었고, 최저가가 감정가의 49.0%일 때는 응찰자가 없어 유찰되었으나 최저가가 감정가의 34.0%일 때 응찰자가 22명으로 감정가의 59.3%에 낙찰되었다.

입찰법원	대전/서산지원 경매5계 041-660-0695	사건명	부동산임의경매	개시결정일	2013.11.19
사건번호	2013-18054○	물건번호		배당요구종기일	2014.02.20
소재지	충청남도 당진시 읍내동 461-55 [지도검색] [로드뷰] [도로명주소] 충청남도 당진시 북문길 74 (읍내동)					
입찰일	2014.10.20 [10:00 제111호 경매법정] (월)	진행상태	배당	유찰횟수	3
물건용도	공장	입찰보증금	(20%) 73,260,400	청구액	700,860,636
채권자	당진신용협동조합	감정가	1,067,935,000	토지	648㎡ (196평)
채무자	김○학	최저가	(34%) 366,302,000	건물	311.8㎡ (94.3평)
소유자	김○학	낙찰가		제시외	24.5㎡ (7.4평)

경매진행내역				임대차내역			
입찰일	결과	금액		성명(상호)	전입(사업자)	보증금	비고
2014.04.14 (월)	유찰	1,067,935,000	(100%)	염농조합법인 포한우촌	사업 2009.09.07	차임 : 무	
2014.05.26 (월)	유찰	747,555,000	(70%)			
2014.06.30 (월)	유찰	523,289,000	(49%)	▶ 개시결정 : 2013.11.19			
2014.08.04 (월)	낙찰 응찰 37 서○푸드	366,302,000 727,555,000	(68.1%)	▶ 말소기준 : 2008.11.27 근저당권 ▶ 배당요구 : 2014.02.20			
2014.10.20 (월)	배당 응찰 22 인○규	366,302,000 632,850,000	(59.3%)			
2014.10.27 (월)	매각결정기일	최고가매각허가결정				
2014.12.05 (금)	대금지급기한	진행				

(8) 권리분석과 시세파악을 잘못한 사례

선순위 전세권은 배당요구를 하지 않았으므로 매수인이 인수해야 함에도 낙찰자는 권리분석을 잘못하여 낙찰받아 잔금납입을 하지 않아 입찰보증금이 몰수되어 금전적 손실을 입은 사건이다.

입찰법원	춘천/원주지원 경매2계 033-738-1121	사건명	부동산강제경매		개시결정일	2013.09.10
사건번호	2013-7747○	물건번호			배당요구종기일	2013.12.23
소재지	강원도 원주시 문막읍 왕건로 20, 102동 3층 301호 (원주문막신원아침도시)					
입찰일	2014.09.22 [10:00경매 101호 법정] (월)	진행상태	낙찰		유찰횟수	3
물건용도	아파트 KB	입찰보증금	(10%) 5,831,000		청구액	86,056,080
채권자	근로복지공단	감정가	170,000,000		토지	68.36㎡ (20.7평)
채무자	(주)인○브	최저가	(34%) 58,310,000		건물	118.88㎡ (36평)
소유자	(주)인○브	낙찰가	(8명 49%) 83,380,000		제시외	

경매진행내역				임대차내역			
입찰일	결과	금액		성명(상호)	전입(사업자)	보증금	비고
2014.04.28 (월)	유찰	170,000,000	(100%)	정○진	전입 2011.03.17 확정 2011.03.17 배당 2013.12.06	75,000,000	전부
2014.06.09 (월)	낙찰 응찰 1 김○기	119,000,000 127,500,000	(75%)			
2014.07.14 (월)	유찰	119,000,000	(70%)	▶ 개시결정 : 2013.09.10			
2014.08.18 (월)	유찰	83,300,000	(49%)	▶ 말소기준 : 2011.11.02 압류 ▶ 배당요구 : 2013.12.23			
2014.09.22 (월)	낙찰 응찰 8 이○우	58,310,000 83,380,000	(49%)	▶ 총보증금 : 75,000,000 원			
2014.09.29 (월)	매각결정기일	최고가매각허가결정				
2014.11.05 (수)	대금지급기한	납부 (2014.10.08)				
2014.11.12 (수)	배당기일	진행				

(9) 권리분석과 시세 파악을 잘못한 사례

선순위 전세권은 배당요구를 하지 않았으므로 매수인이 인수해야 함에도 낙찰자는 권리분석을 잘못하여 낙찰받아 잔금납입을 하지 않아 입찰보증금이 몰수되어 금전적 손실을 입은 사건이다.

입찰법원	수원/여주지원 경매6계 031-880-7450	사건명	임의	개시결정일	2014.01.03
사건번호	2014-74○		물건번호	배당요구종기일	2014.04.10
소재지	경기도 이천시 대월면 경충대로2003번길 56-7, 6동 4층 6404호 🔍지도검색 🚗로드뷰				
입찰일	2015.09. 16 [10:00경매법정 101호] (수)	진행상태	배당	유찰횟수	8
물건용도	연립/다세대	입찰보증금	(30%) 4,898,100	청구액	30,000,000
채권자	오○이	감정가	68,000,000	토지	41.7㎡ (12.6 평)
채무자	하○주	최저가	(24%) 16,327,000	건물	58.82㎡ (17.8 평)
소유자	하○주	낙찰가		제시외	

경매진행내역			
입찰일	결과	금액	
2014.06.11 (수)	유찰	68,000,000	(100%)
2014.07.16 (수)	유찰	47,600,000	(70%)
2014.08.20 (수)	유찰	33,320,000	(49%)
2014.09.24 (수)	유찰	23,324,000	(34.3%)
2014.12.03 (수)	유찰	68,000,000	(100%)
2015.01.07 (수)	유찰	47,600,000	(70%)
2015.02.11 (수)	낙찰 응찰 1 권○찬	33,320,000 40,200,000	(59.1%)
2015.04.22 (수)	유찰	33,320,000	(49%)
2015.05.27 (수)	낙찰 응찰 1 김○식	23,324,000 33,500,000	(49.3%)
2015.08.12 (수)	유찰	23,324,000	(34.3%)
2015.09.16 (수)	배당 응찰 4 김○섭	16,327,000 23,120,000	(34%)

임대차내역			
성명(상호)	전입(사업자)	보증금	비고
대한주택공사	미상	40,000,000	전부 전세권자 등기 부상
신새롬	전입 2013.06.11	40,000,000	전부 조사서상

▶ 개시결정 : 2014.01.03
▶ 말소기준 : 2013.10.28 근저당권
▶ 배당요구 : 2014.04.10
▶ 총보증금 : 80,000,000 원

[소액(주택)▶] [소액(상가)▶] [매각물건명세서▶] [현황조사서▶]

section 9

대금납부

매각허가결정이 선고된 뒤 1주일 내에 이해관계인이 항고하지 아니하면 매각허가결정이 확정된다. 그러면 낙찰자는 원이 정하여 통지하는 대금납부기일 내에 낙찰대금(보증금을 공제한 잔액)을 납부해야 한다.

  대금납부기일은 통상 매각허가결정이 확정된 날로부터 1개월 이내로 지정된다. 매각허가결정에 대하여 이해관계인이 항고(재항고)한 경우에는 그 항고(재항고)가 기각되어 사건기록이 경매법원에 반환된 뒤 1개월 이내로 대금납부기일이 지정된다.

1. 상계신청

채권자가 매수인인 경우에는 배당받을 금액과 납부할 금액의 상계를 신청할 수 있다. 상계신청은 1주일 내로 해야 한다.

■ 상계 절차

1) 입찰

일반인과 같은 절차에 의해 응찰하고 낙찰받은 때부터 절차가 달라진다. 세입자는 본인의 예상배당액을 응찰 전에 충분히 파악하고 응찰가와 자금계획을 세워야 한다.

2) 상계신청

낙찰에 성공하면 1주일 내 해당 경매계에 상계신청서를 제출해야 한다. 제일 좋은 방법은 낙찰 후 바로 담당 경매계로 가서 상계신청서를 작성(양식은 경매계에 가면 있으며, 사건번호, 채무자, 낙찰자 성명, 연락처 기재, 날인)하여 제출한다. 등기우편으로도 접수 가능하다.

3) 상계신청 허가

입찰일 1주일 후 낙찰허가가 나고 그로부터 상계신청 10일 정도 뒤에 담당자에게 상계신청 허가 여부를 확인한다.

상계신청이 허가되면 대략 한 달 이내에 '배당 및 잔금기일'이 지정된다. 대법원 경매정보 사이트에서 수시로 확인하면 된다. 전화로 연락이 오고 우편으로도 온다.

통상적으로 배당 계산이 복잡하거나 채권액 등이 불확실할 때는 상계신청이 허가되지 않을 수 있고, 임차인이 소액 우선배당을 받

사건번호   타경   호

상계신청서

채 권 자

채 무 자

소 유 자

최고가매수인

위 당사자 간 귀원   타경   호 부동산 경매사건에 관하여 채권자인 본인이 본건 부동산을 경락 받았으므로 납부해야 할 매각대금과 본인이 배당받을 배당금과의 상계를 신청하오니 허가하여 주시기 바랍니다.

최고가매수인   (인)

지방법원 경매   계 귀중

을 때는 거의 허가된다. 근저당의 경우 배당일까지의 이자를 계산하므로 배당일이 임박해서야 임차인의 배당액이 결정되므로 배당일 3일 전쯤에야 임차인이 준비할 금액이 정확히 계산된다.

상계신청이 허가되면 본인이 생각하는 금액과 실제가 차이가 날 수 있으므로 한 번 더 본인의 예상배당액을 계산해보고 넉넉히 자금을 준비해야 한다.

4) 잔금 및 배당일

경매계에서 지정하는 시간에 잔금. 구비서류(10% 보증금 영수증. 잔금납부 통지서. 임대계약서 원본. 주민등록등본 등)를 가지고 가야 한다. 3일 전에 미리 경매계로 전화해서 정확한 금액을 확인하고 본인이 예상한 금액과 차이가 나면 어디서 차이가 나는지 물어보고 이해할 수 없으면 잔금 당일날 배당 이의제기할 준비도 해야 한다.

5) 만일 잔금일에 납부를 못하면 상계허가는 취소되고 잔금납부일이 다시 지정된다.

2. 대금미납 시 차순위 입찰신고인에게 낙찰

낙찰자가 지정된 대금납부기일에 대금을 납부하지 아니하면 차순위 입찰신고인에게 매각을 허가하고 차순위 입찰신고인이 없는 경우에는 재입찰을 실시한다. 다만 재입찰기일로 지정된 날의 3일 전까지 종전 낙찰자가 낙찰대금 및 그동안의 이자, 절차비용을 납부하면 대금납부로서 유효하며, 재입찰은 실시하지 아니한다.

3. 대금미납의 사유

1) 대항력 임차인의 보증금 인수부담 등 권리분석 잘못

2) 물건이 마음에 안 든다

3) 추가비용의 과다(연체 관리비, 수리비용)

4) 상권 파악 잘못

5) 유치권 성립

6) 농지취득자격증명을 발급받을 수 없는 상황

7) 건축이 곤란한 공법상의 제한

8) 맹지이거나 도로 등의 진입로 문제

9) 말소되지 않는 권리

10) 고가 낙찰

11) 자금 문제

12) 입찰표 기재 등 오류, 착오

13) 법정지상권의 성립

chapter 9

소유권 이전

section 1

소유권등기 촉탁 순서

1. 해당 부동산 등기부등본을 한 통 발급받는다.
2. 매각대금 완납증명서 2부, 부동산 소유권이전등기 촉탁신청서, 부동산의 목록, 말소목록, 취득세신고서를 작성한다.
3. 해당 법원 경매계에 가서 우편으로 송달받은 대금지급기한통지서와 신분증을 제시하면 법원보관금 납부명령서를 준다.
4. 법원보관금 납부명령서를 가지고 법원 구내 은행에 가서 잔금을 납부한다. 은행에서 정부수입인지 500원어치를 구입하여 매각대금 완납증명서 2부 중 1부에 붙인다.
5. 매각대금 완납증명서를 가지고 관할 시·군·구청 세무과에 가서 취득세와 말소등록세를 신고한다. 말소등록세는 말소건수×7,200원이

다. 은행에 가서 취득세, 말소등록세를 납부하고, 취득세 고지서에 있는 시가표준액을 기준으로 하여 국민주택채권을 매입하여 즉시 매각한다. 영수증에 적혀 있는 채권발행번호를 국민주택채권 내역서에 기재한다.
6. 종합민원실에서 토지대장, 건축물관리대장, 주민등록등본을 발급받는다.
7. 법원으로 다시 간다. 소유권이전은 15,000원, 말소 1건당 3,000원어치의 대법원수입증지를 매입한다.
8. 작성해 간 부동산 소유권이전등기 촉탁신청서를 완성한 후 취득세 납부 영수증 등 서류를 첨부하여 법원 경매계에 제출한다.
9. 제출서류는 부동산 소유권이전등기 촉탁신청서 1부, 부동산 목록 4부, 부동산 등기사항전부명령서(등기부등본) 1부, 토지대장 1부, 건축물관리대장 1부, 주민등록등본 1부, 취득세 영수증, 등록면허세 영수증, 국민주택채권산출내역서 영수증, 대법원수입증지, 말소목록 4부
10. 주택의 경우 인도명령신청서도 같이 제출한다. 정부수입인지 1,000원어치를 매입하여 붙인다.

인도명령에는 송달료를 납부해야 하는데 법원마다 조금씩 다르므로 법원 경매계장에게 물어본 뒤 납부하면 된다(통상적으로 인도명령대상이 1명이라면 4,500원 × 4 = 18,000원).
11. 소유권이전등기가 된 뒤 등기권리증을 집에서 받기를 원하는 경우 우체국에서 서류봉투와 송달용 우표를 사서 첨부한다(통상 5~6천 원 정도).

매각에 의한 소유권이전등기 촉탁신청

사건   타경   호 부동산임의경매

채 권 자:
채 무 자:
소 유 자:
매 수 인:

지방법원 경매 계 귀중

매각에 의한 부동산 소유권이전등기 촉탁신청서

사건   타경   호 부동산임의경매

채 권 자
채 무 자(소유자)
매 수 인

위 사건에 관하여 매수인   은/는 귀원으로부터 매각허가결정을 받고 20 년 월 일 대금 전액을 완납하였으므로 별지목록기재 부동산에 대하여 소유권이전등기 및 말소등기를 촉탁하여 주시기 바랍니다.

첨 부 서 류

1. 부동산 목록	4부
1. 부동산 등기사항전부증명서	1부
1. 토지대장등본	1부
1. 건축물대장등본	1부
1. 주민등록등본	1부
1. 취득세 영수증(이전)	
1. 등록면허세 영수증(말소)	1부
1. 등록세 및 채권산출내역서	1부

1. 대법원수입증지 - 이전 15,000원, 말소 1건당 3,000원(토지, 건물 각각임)
1. 국민주택채권 : 등록세 영수증에 나타난 시가표준액을 기준으로 은행에서 매입
1. 말소할 사항(말소할 각 등기를 특정할 수 있도록 접수일자와 접수번호)
   4부

20 . . .

신청인 (매수인)   (인)
연락처   -   -

지방법원   지원 경매 계 귀중

☞ 유의사항
1. 법인등기사항증명서, 주민등록등(초)본, 토지대장 및 건물대장등본은 발행일로부터 3월 이내의 것이어야 함.
2. 등록세 영수필확인서 및 통지서에 기재된 토지의 시가표준액 및 건물의 과세표준액이 각 500만 원 이상일 때에는 국민주택채권을 매입하고 그 주택채권 발행번호를 기재해야 함.

부동산목록

1동의 건물의 표시

전유 부분의 건물의 표시

    건물번호 :
    구   조 :
    면   적 :

대지권의 표시

    토지의 표시 :
    대지권의 종류 : 소유권 대지권
    대지권의 비율 :

말소할 권리목록

번호	접수날짜 및 접수번호	등기 목적	권리자

등록세 및 채권산출내역서			
소유권 이전등기			
등 록 세		금 원	
교 육 세		금 원	
세 액 합 계		금 원	
등기신청수수료(대법원수입증지)		금 15,000 원	
부동산표시	부동산별시가표준액	국민주택채권매입금액	
1. 건 물	금 원	금 원	
2. 토 지	금 원	금 원	
국 민 주 택 채 권 매 입 합 계 액		금 원	
국 민 주 택 채 권 발 행 번 호			

말소할 등기(건)	
등 록 세	금 원
교 육 세	금 원
세 액 합 계	금 원
등기신청수수료(대법원수입증지)	금 원

등록세 영수필 확인서 및 증지부착용지

매각대금 완납증명원

사　건　　　　　　　　　　　　　　　　　　| 수입인지 500원 |

채권자
채무자
소유자
매수인

위 사건의 별지목록기재 부동산을 금　　　원에 낙찰받아 20 ． ． ． 에 그 대금 전액을 납부하였음을 증명하여 주시기 바랍니다.

20　년　　　월　　　일
매수인　　　　　(인)
연락처(☎)

귀중

☞유의사항
1) 매각부동산 목록을 첨부합니다.
2) 2부를 작성합니다(원본에 500원 인지를 붙임).

section 2

행정동과 법정동(고려)

등기 촉탁서에는 법정동을 기재한다.

법정동은 말 그대로 법(法)으로 정(定)한 동(洞)이라는 뜻이다. 정식 동으로 공식 문서상에 표기되거나 주소로서 쓰인다.

등기소나 인터넷 등기소에서 등기부를 발급받으면서 누구나 황당한 일을 당해보았을 것이다.

예를 들어, 등기부 발급신청란에 내가 살고 있는 주소인 서울시 서초구 서초3동 1510번지라고 분명히 기재했는데 주소가 틀렸다고 퇴짜를 맞은 경우이다.

법원등기소에서 사용하고 있는 주소는 법정동을 기준으로 하고 있기 때문에 서초동이면 서초동이지 서초 1,2,3동은 존재하지 않는다는 것이다.

서초동 1, 2, 3동은 행정관서에서 사용하고 있는 행정동이지 법원에서는 법정동만 통한다는 얘기이다.

정식적인 동은 법정동이다. 당연히 주소로 쓰이는 동도 법정동이다.

법정동(法定洞)은 쉽게 자연부락을 바탕으로 원래부터 정식으로 붙여져 호적, 주민등록 등에 쓰이는 법으로 정한 동(洞) 이름이고, 행정동(行政洞)은 그 법정동의 범위를 기준으로 효율적인 행정 운영을 할 수 있게 더 세분화된 동(洞)이다.

행정동은 법정동 한 곳을 동사무소에서 관리하기에 무리가 있을 때 적정한 규모(면적)와 인구를 기준으로 시 조례로 법정동을 나누거나 합쳐서 동사무소를 설치·운영하는 것이다.

예를 들어, 서초동을 동사무소 한 곳에서 관리하면 민원인도 불편하고 행정 능률도 떨어진다. 그래서 서초동을 서초 1, 2, 3동으로 나눠 행정 운영의 효율을 높이는 것이다.

덧붙이자면, 행정동은 어디까지나 행정 운영의 효율을 목적으로 하는 것이기 때문에 그 법정동의 테두리 안에서만 범위를 나눌 필요는 없고, 이웃 법정동이라도 하나의 행정동으로 묶을 수 있다.

그러나 시간이 흘러감에 따라 인구는 이동하게 되고, 그로 인해 한 지역에 엄청난 인구 유입이 있거나, 반대로 인구 감소가 있을 수 있다. 이에 맞춰 행정 편의상 설치하는 동이 행정동이다.

그러므로 한 법정동을 여러 행정동이 나눠서 관할할 수도 있고, 법정동과 행정동이 일치할 수도 있고, 여러 법정동을 한 행정동이 관할할 수도 있다.

행정동이 제일 많은 경우는 예전의 관악구일 것이다. 관악구에 법정동은 신림동, 봉천동. 남현동 3개 동밖에 없다. 그렇지만 봉천동은 12개의 행정동(봉천본동~봉천 11동), 신림동은 14개의 행정동(신림본동~신림 13동)이 있었다. 총 27개의 관악구 행정동은 현재 21개로 줄었고, 새로운 이름을 지어 사용하고 있다(낙성대동, 난곡동, 난향동, 남현동, 대학동, 마성동, 보라매동, 삼성동, 서림동, 서원동, 성현동, 신림동, 신사동, 신원동, 은천동, 인헌동, 조원동, 중앙동, 청룡동, 청림동, 행운동).

부동산등기신청 수수료액

(<등기사항증명서 등 수수료규칙> 제5조의2에 의한 등기신청의 경우)

등기의 목적		수수료			비고
		서면방문신청	전자표준양식신청	전자신청	
1. 소유권보존등기		15,000원	13,000원	10,000원	
2. 소유권이전등기		15,000원	〃	〃	
3. 소유권 이외의 권리설정 및 이전등기		15,000원	〃	〃	
4. 가등기 및 가등기의 이전등기		15,000원	〃	〃	
5. 변경 및 경정 등기	가. 등기명의인 표시	3,000원	2,000원	1,000원	행정구역·지번변경, 주민등록번호정정 등의 경우에는 신청수수료 없음
	나. 각종권리	3,000원	〃	〃	
6. 분할·합병 등기	가. 토지	없 음			
	나. 건물 (구분등기 등)	3,000원	2,000원	1,000원	
7. 말소등기		3,000원	〃	〃	예고등기의 말소등기 경우에는 신청수수료 없음
8. 가압류·가처분등기		3,000원		3,000원	
9. 경매개시결정등기, 강제관리 등기		3,000원		3,000원	

□ 전자신청 등에 의한 등기신청수수료의 특례(수수료규칙 제5조의 5)
　전자신청에 의한 부동산 등기신청의 경우에 15,000원은 10,000원으로, 3,000원은 1,000원으로 하며, 전자표준양식에 의한 신청인 경우에는 15,000원은 13,000원으로, 3,000원은 2,000원으로 함.

☐ 국민주택채권 매입대상 및 금액표
<주택법 시행령>별표12(제95조 제1항 관련)

매 입 대 상
■ 부동산등기 (등기하고자 하는 부동산이 공유물인 때에는 공유지분율에 따라 산정한 시가표준액을, 공동주택인 경우에는 세대당 시가표준액을 각각 기준으로 하며, 이 경우 공유지분율에 따라 시가표준액을 산정함에 있어서 2이상의 필지가 모여서 하나의 대지를 형성하고 있는 때에는 그 필지들을 합하여 하나의 필지로 봄.)

⊙ 소유권의 보존(건축물의 경우를 제외) 또는 이전(공유물을 공유지분율에 따라 분할하여 이전등기를 하는 경우와 신탁 또는 신탁종료에 따라 수탁자 또는 위탁자에게 소유권이 전등기를 하는 경우를 제외)

구분	매 입 대 상	매입금액
주택	(가) 시가표준액[시가표준액이 공시되지 아니한 신규분양 공동주택의 경우에는 지방세법>제111조 제5항 제3호 및 동법 시행령 제82조의2 제1항 제2호의 규정에 의한 취득가격을 말한다. 이하 이 (1)에서 같다] 2천만 원 이상 5천만 원 미만	시가표준액의 13/1,000
	(나) 시가표준액 5천만 원 이상 1억 원 미만 1) 특별시 및 광역시 2) 그 밖의 지역	시가표준액의 19/1,000 시가표준액의 14/1,000
	(다) 시가표준액 1억 원 이상 1억 6천만 원 미만 1) 특별시 및 광역시 2) 그 밖의 지역	시가표준액의 21/1,000 시가표준액의 16/1,000
	(라) 시가표준액 1억 6천만 원 이상 2억 6천만 원 미만 1) 특별시 및 광역시 2) 그 밖의 지역	시가표준액의 23/1,000 시가표준액의 18/1,000
	(마) 시가표준액 2억 6천만 원 이상 6억 원 미만 1) 특별시 및 광역시 2) 그 밖의 지역	시가표준액의 26/1,000 시가표준액의 21/1,000
	(바) 시가표준액 6억 원 이상 1) 특별시 및 광역시 2) 그 밖의 지역	시가표준액의 31/1,000 시가표준액의 26/1,000

매 입 대 상
■ 부동산등기 (등기하고자 하는 부동산이 공유물인 때에는 공유지분율에 따라 산정한 시가 표준액을, 공동주택인 경우에는 세대당 시가표준액을 각각 기준으로 하며, 이 경우 공유지분율에 따라 시가표준액을 산정함에 있어서 2이상의 필지가 모여서 하나의 대지를 형성하고 있는 때에는 그 필지들을 합하여 하나의 필지로 봄.)

⊙ 소유권의 보존(건축물의 경우를 제외) 또는 이전(공유물을 공유지분율에 따라 분할하여 이전등기를 하는 경우와 신탁 또는 신탁종료에 따라 수탁자 또는 위탁자에게 소유권 이전등기를 하는 경우를 제외)

구분	매 입 대 상	매입금액
토지	(가) 시가표준액 5백만 원 이상 5천만 원 미만 1) 특별시 및 광역시 2) 그 밖의 지역	시가표준액의 25/1,000 시가표준액의 20/1,000
	(나) 시가표준액 5천만 원 이상 1억 원 미만 1) 특별시 및 광역시 2) 그 밖의 지역	시가표준액의 40/1,000 시가표준액의 35/1,000
	(다) 시가표준액 1억 원 이상 1) 특별시 및 광역시 2) 그 밖의 지역	시가표준액의 50/1,000 시가표준액의 45/1,000
주택 및 토지 외의 부동산	(가) 시가표준액 1천만 원 이상 1억 3천만 원 미만 1) 특별시 및 광역시 2) 그 밖의 지역	시가표준액의 10/1,000 시가표준액의 8/1,000
	(나) 시가표준액 1억 3천만 원 이상 2억 5천만 원 미만 1) 특별시 및 광역시 2) 그 밖의 지역	시가표준액의 16/1,000 시가표준액의 14/1,000
	(다) 시가표준액 2억 5천만 원 이상 1) 특별시 및 광역시 2) 그 밖의 지역	시가표준액의 20/1,000 시가표준액의 18/1,000

※국민주택채권 할인율은 국토교통부 주택기금 포털에서 확인 가능
http://nhf.molit.go.kr/bond/02_1st_bond01.do

chapter 10
취득세

일정한 자산의 취득에 대하여 부과되는 조세이며, 지방세 제도의 근간을 이루는 세금이다.

1. 납세 의무자
부동산, 차량, 기계장비, 항공기, 선박, 입목, 광업권, 어업권, 골프 회원권, 승마 회원권, 콘도미니엄 회원권 등을 취득한 자

2. 납세지
부동산은 부동산 소재지, 차량은 자동차관리법에 따른 등록지이다.

3. 과세표준
취득자가 신고한 가액으로 한다. 다만, 신고 또는 신고가액의 표시가 없거나 그 신고가액이 시가표준액보다 적을 때에는 그 시가표준액으로 한다.

국가, 지방자치단체로부터의 취득, 외국으로부터의 수입에 의한 취

득, 판결문, 법인장부, 공매 방법에 의한 취득 등으로 취득가격이 증명되는 거래인 경우에는 취득가격에 의하여 계산한다.

시가표준액

구분		산정 방법
건물	주택	개별 주택가격
	주택 이외	시장·군수 등 지방자치단체의 장이 산정한 가액
토지		개별 공시지가

4. 신고기한

취득한 날부터 60일 이내에 신고하고 납부한다.

5. 부당 신고 시 처벌

1) 다운계약서 처벌 관련 내용

(1) 부동산 거래 당사자 또는 중개업자는 실제 거래가격 등을 시·군·구에 신고해야 하는데, 거짓으로 신고한 경우에는 취득세 3배 이하의 과태료가 부과되고, 중개업자는 영업 정지 처분을 받게 됨.

- ■ 시·군·구에 실거래가 허위 신고 시 받는 처벌
- 거래 당사자(매도자, 매수자 둘 다) : 취득세 3배 이하의 과태료(주택 거래 신고지역 내 주택은 취득세 5배 이하의 과태료)
- 중개업자 : 취득세 3배 이하의 과태료, 등록취소 또는 6개월 이내의 자격정지

(2) 허위 신고자로 확인된 경우에는 탈루세금을 납부해야 할 뿐만 아니라, 추가로 신고불성실 가산세를 과소신고세액의 40%까지 부담해야 하고, 1일 0.03%씩 증가하는 납부불성실 가산세도 부담해야 함.

- **양도소득세 가산세(양도자)**
  - 신고불성실 가산세 : 과소신고세액의 10% 또는 40%
    단순 과소신고 : 과소신고세액의 10%
    부당한 방법으로 과소신고 : 과소신고세액의 40%
  - 납부불성실 가산세 : 미달납부한 세액 × 미납기간 × (3/10,000)

2) 구체적인 사례 분석

우선 중개업자(공인중개사, 중개법인 등)의 중개에 의해 작성된 계약서라면 신고의무는 전적으로 중개업자에게 있고 매도인, 매수인은 신고의무가 없지만 직거래 형태이기 때문에 모든 불이익은 매매 당사자가 부담해야 한다.

3) 매수자 부담 내용

한편 앞서 밝혔듯이, 현행세법에 따르면 허위 신고와 관련된 추징은 취득세의 20%, 양도소득세의 40%을 중과하는 규정이 있다.

6. 2018년 현재 부동산 취득세율

부동산 취득의 종류	구분		취득세	농특세	교육세	합계	적용시점
주택 [유상취득]	6억 이하	85m² 이하	1.0%	–	0.1%	1.1%	[시행] 2014. 01. 01 [소급 적용] 2013. 8. 29
		85m² 초과	1.0%	0.2%	0.1%	1.3%	
	6억 초과 9억 이하	85m² 이하	2.0%	–	0.2%	2.2%	
		85m² 초과	2.0%	0.2%	0.2%	2.4%	
	9억 초과	85m² 이하	3.0%	–	0.3%	3.3%	
		85m² 초과	3.0%	0.2%	0.3%	3.5%	
주택 외 유상취득	–		4.0%	0.2%	0.4%	4.6%	[시행] 2011. 01. 01
농지의 유상취득	–		3.0%	0.2%	0.2%	3.4%	
원시취득 [신축]	–		2.8%	0.2%	0.16%	3.16%	
상속으로 인한 취득	농지		2.3%	0.2%	0.06%	2.56%	
	농지 외		2.8%	0.2%	0.16%	3.16%	
증여에 의한 취득	–		3.5%	0.2%	0.3%	4.0%	

■ 지방세법 시행규칙 [별지 제3호서식] <개정 2014.8.8>

취득세 ([ ]기한 내 / [ ]기한 후]) 신고서

(앞쪽)

관리번호		접수 일자		처리기간	즉시
신고인	취득자(신고자)	성명(법인명)		생년월일(법인등록번호)	
		주소		전화번호	
	전 소유자	성명(법인명)		생년월일(법인등록번호)	
		주소		전화번호	
매도자와의 관계		□ 배우자 또는 직계존비속 □ 기타			

취 득 물 건 내 역

소재지							
취득물건	취득일	면적	종류(지목/차종)	용도	취득 원인	취득가액	

세목	과세표준액	세율	① 산출세액	② 감면세액	③ 기납부세액	가산세		계 ④	신고세액 합 계 (①-②-③+④)
						신고불성실	납부불성실		
합계									
취득세 등	취득세 신고세액	%							
	지방교육세 신고세액	%							
	농어촌 특별세 신고세액 (취득세)	부과분	%						
		감면분	%						

「지방세법」 제20조제1항, 제152조제1항, 같은 법 시행령 제33조제1항, 「농어촌특별세법」 제7조에 따라 위와 같이 신고합니다.

년   월   일

신고인
대리인

접수(영수)일자
(인)

(서명 또는 인)
(서명 또는 인)

시장・군수・구청장 귀하

첨부서류	1. 취득가액 등을 증명할 수 있는 서류(매매계약서, 잔금영수증, 법인장부 등) 사본 각 1부 2. 취득세 감면신청서 1부 3. 취득세 비과세 확인서 1부 4. 기납부세액 영수증 사본 1부 5. 위임장 1부(대리인만 해당합니다)	수수료
		없음

위임장

위의 신고인 본인은 위임받는 사람에게 취득세 신고에 관한 일체의 권리와 의무를 위임합니다.

위임자(신고인)   (서명 또는 인)

위임받는 사람	성명		위임자와의 관계	
	주민등록번호		전화번호	
	주소			

*위임장은 별도 서식을 사용할 수 있습니다.

- - - - - - - - - - - - - - - - - - - 자르는 선 -

접수증(취득세 신고서)

신고인(대리인)	취득물건 신고내용	접수 일자	접수번호
「지방세법」 제20조제1항, 제152조제1항, 같은 법 시행령 제33조제1항, 「농어촌특별세법」 제7조에 따라 신고한 신고서의 접수증입니다.			접수자 (서명 또는 인)

210mm×297mm[백상지 80g/㎡(재활용품)]

(뒤쪽)

작성방법

1. ▮▮▮▮▮▮▮▮ 란은 과세관청에서 적는 사항이므로 신고인은 적지 않습니다.
2. "기한 내 신고"란에는 취득일(잔금지급일 등)부터 60일 이내에 신고하는 경우에 표기 [√] 하고, "기한 후 신고"란은 기한 내 신고기간이 경과한 후에 신고하는 경우에 표기 [√] 합니다.
3. "신고인"란에는 납세의무자를 적고, "전 소유자" 란에는 취득하는 과세대상인 부동산(토지·건축물), 차량, 기계장비, 입목, 항공기, 선박, 광업권, 어업권, 회원권의 전 소유자를 적습니다.
4. 매도자와의 관계는 반드시 기재하여야 하며, 기재한 사항과 사실이 다를 경우에는 「지방세기본법」제53조 등에 따라 가산세를 포함하여 추징될 수 있습니다.
5. "취득물건 내역"란에는 취득세 과세대상이 되는 물건의 내역 등을 적습니다.
   가. "소재지"란은 부동산(토지·건축물)은 토지·건축물의 소재지, 선박은 선적항, 골프회원권은 골프장 소재지, 차량(기계장비)은 등록지 등을 적습니다.
   나. "취득물건"란에는 취득세 과세대상이 되는 부동산(토지·건축물), 선박, 차량, 기계장비, 항공기, 어업권, 광업권, 골프회원권, 종합체육시설이용회원권 등을 물건별로 적습니다.
   다. "취득일자"란에는 잔금지급일(잔금지급일 전에 등기·등록 또는 사실상 사용하거나 사용·수익하는 경우에는 등기·등록일 또는 사용·수익일 등「지방세법 시행령」제20조에 따른 취득시기에 해당되는 취득일자를 말합니다) 등을 적습니다.
   라. "면적"란에는 부동산의 경우에는 ○○㎡(지분의 경우 ○○분의 ○)으로, 차량의 경우에는 ○○cc·적재정량으로, 선박의 경우에는 ○○톤으로, 어업권의 경우에는 어업권 설정 면적 등을 적습니다.
   마. "종류(차종)"란에는 부동산의 경우에는 주거용·영업용·주상복합용 등 사용형태를 적고, 차량(항공기)의 경우에는 차종(항공기 종류)·연식 및 차량번호를 적으며, 선박의 경우에는 선박종류 및 구조를 적고, 골프회원권의 경우에는 회원의 종류인 법인·개인 등을 적습니다.
   바. "용도"란에는 취득한 물건의 사용용도(주거용, 상업용, 공장용, 자가용, 영업용, 법인용, 개인용)를 적습니다.
   사. "취득원인"란에는 매매로 취득하여 소유권이 이전되는 경우에는 매매로, 상속 또는 증여의 경우에는 상속 또는 증여로 각각 적으며, 소유권 보존(신축 등)으로 인한 취득은 원시취득 등을 적습니다.
   아. "취득가액"란에는 취득당시의 가액을 말하는 것이므로 매매계약서 또는 취득에 소요된 사실상 비용(법인의 경우 장부가액 등) 등을 입증할 수 있는 서류에 의하여 확인되는 것과 일치하여야 합니다.
6. "세율"란에는 「지방세법」제11조, 제12조 및 제15조에 따른 세율을 적되, 중과세 대상이 되는 대도시 내 법인의 주사무소용 부동산의 취득 및 공장신증설 등 중과세, 고급주택·별장·고급오락장(유흥주점 영업장, 도박장 등)·고급선박의 경우에는 「지방세법」제13조에 해당하는 중과세율을 적습니다.
7. "산출세액"란에는 취득가액에 세율을 곱하여 산출된 세액을 적습니다.
8. "감면세액"란에는 「지방세특례제한법」, 「조세특례제한법」 및 지방자치단체 감면조례에 따라 지방세가 감면되는 대상을 말하며 해당되는 감면율을 적용하여 산출한 감면세액을 적습니다.
9. "기납부세액"란에는 동일한 과세물건에 대하여 취득가액의 변동, 경감취소 등으로 과소납부 또는 납부하여야 할 세액을 기한 후 신고하는 경우 등으로서 이미 납부한 세액을 적습니다.
10. 취득세 등 중 "가산세"란에는 취득세신고기한까지 과세표준신고서를 제출하지 아니한 자가 기한 후 신고를 하는 경우에만 해당됩니다. 이 경우 신고불성실가산세는 50퍼센트 감면되는 신고불성실가산세((①-②-③)×10퍼센트)를 적고, 납부불성실가산세는 취득일부터 60일이 경과한 날부터 납부일까지의 일자수에 1일 10,000분의 3의 세율을 곱하여 산출한 세액을 적습니다.
    * 기한후 신고에 따른 가산세의 감면신청은 가산세의 감면 등 신청서(「지방세기본법 시행규칙」별지 제15호서식)를 제출하여야 합니다.
11. "신고세액 합계"란에는 신고인이 납부하여야 할 세액(①-②-③+④)을 적습니다.
12. "농어촌특별세신고세액"란에는 취득세와 동시에 신고·납부하여야 하는 농어촌특별세를 말하는 것으로서 「농어촌특별세법」제3조 및 제5조에 따라 산출한 세액을 적고, "지방교육세 신고세액"란에는 「지방세법」제151조에 따라 산출한 세액을 적습니다.
13. 첨부서류
    가. 취득가액을 입증할 수 있는 매매계약서, 법인은 법인장부(취득가액 입증), 증여는 증여계약서 등을 말하며, 매매계약서 등의 취득가액과 취득신고서상의 취득가액과 다르지 않도록 적어야 합니다.
       * 취득가액이 입증되는 매매계약서(부동산검인계약서 등)를 이중으로 작성하거나, 허위로 작성하여 취득가액을 허위·과소 신고하는 경우 불이익을 받을 수 있습니다.
    나. 신고인을 대리하여 취득신고를 하는 경우에는 반드시 위임장을 제출하여야 합니다.
14. 신고인은 납세의무자를 말하며, 서명 또는 날인이 없는 경우에는 신고서는 무효가 되며, 대리인이 신고하는 경우에도 서명 또는 날인이 없거나 위임장이 없으면 무효가 됩니다.
15. 신고인은 반드시 접수증을 수령하여야 하고, 접수증의 간인 및 접수자의 서명 또는 날인을 확인하여야 합니다.

7. 취득세 중과세

수도권 과밀억제권역 안에서 사업용 재산의 취득에 대한 중과세

취득세 중과세의 내용

(1) 본점 또는 주사무소용 사업용 부동산

수도권 과밀억제권역 안에서 본점·주사무소의 사업용 부동산(건축물을 신축 또는 증축하는 경우와 그 부속토지에 한함)을 취득하는 경우에 취득세를 중과세한다. 여기서 법인의 본점 또는 주사무소의 사업용 부동산이란 법인의 본점 또는 주사무소의 사무소로 사용하는 부동산과 그 부대시설용 부동산(기숙사, 합숙소, 사택, 연수시설, 체육시설 등 복지후생시설 등은 제외)을 말한다.

토지나 건축물을 취득하여 본점, 주사무소용 부동산을 신축하거나 증축하는 경우에만 6%의 세율이 적용되고, 기존의 건축물과 그 부속토지를 승계취득하여 본점, 주사무소로 사용하는 경우에는 중과세가 되지 아니한다.

(2) 공장의 신설 또는 증설

수도권 과밀억제권역 안에서 공장을 신설 또는 증설하기 위하여 사업용 과세물건을 취득하는 경우에 취득세를 중과세한다.
- 신설하거나 증설하는 공장용 건축물과 그 부속토지
- 공장을 신설하거나 증설한 날로부터 5년 이내에 취득하는 공장용 차량 및 기계설비

8. 등록세 중과세

1) 대도시 내 법인등기에 대한 중과세

(1) 휴면법인

(2) 상법에 따라 해산한 법인

(3) 부가가치세법에 따라 폐업한 법인

(4) 법인 인수일 이전 1년 이내에 상법에 따른 계속등기를 한 해산법인 또는 해산간주법인

(5) 법인 인수일 이전 1년 이내에 다시 사업자등록을 한 폐업법인

(6) 법인 인수일 이전 2년 이상 사업실적이 없고 인수일 전후 1년 이내에 인수법인 임의의 50% 이상을 교체한 법인

2) 대도시 내 부동산 등기에 대한 중과세

대도시에서 법인의 설립과 지점 또는 분사무소의 설치 및 대도시 내로의 법인의 본점, 주사무소 지점 또는 분사무소의 전입에 따른 부동산 등기와 그 설립, 설치, 전입 이후 5년 이내의 취득하는 업무용, 비업무용 또는 사업용, 비사업용을 불문한 일체의 부동산 등기에 대해서는 표준세율의 3배로 중과세한다.

승계취득에 대하여도 중과세를 적용한다.

3) 대도시 안에서의 공장의 신설 또는 증설에 따른 부동산 등기에 대하여 표준세율의 3배로 중과세한다.

9. 중과세 과밀억제권역 내에서 법인 부동산 취득 시 세율 비교

구분	취득세	등록세
법인 설립 후 5년 이내 본점 취득	신축취득 : 3배 중과 승계취득 : 중과 안함	3배 중과
법인 설립 후 5년 이내 본점 이외의 부동산 취득	중과하지 않음	3배 중과
법인 설립 후 5년 이후에 본점 취득	신축취득 : 3배 중과 승계취득 : 중과 안함	중과하지 않음
법인 설립 후 5년 이후에 본점 이외의 부동산 취득	중과하지 않음	중과하지 않음

10. 공동명의 시의 절세

부동산 경매로 낙찰받을 때 부부 공동명의로 취득하면 세금을 줄일 수 있다.

- 부부간의 증여일 경우 공제액은 6억 원이다.
- 공동명의 시 아낄 수 있는 세금은 종합부동산세, 재산세, 양도소득세 등이다.

1) 종합부동산세는 주택가격이 6억 원 이상일 경우 부과되는 세금이다. 주택가격이 비쌀수록 세율도 오르는 누진세율이 적용된다. 종합부동산세는 개인별 합산으로 과세하기 때문에 가격이 비싼 주택은 공동명의로 하면 혜택을 볼 수 있다.
2) 양도소득세도 마찬가지다. 양도소득세는 주택을 팔 때 발생하는 차익에 따라 6~40%가 적용된다. 공동명의인 주택을 팔면 이득을 지분대로 나눠 과세하기 때문에 세금을 줄일 수 있다.

3) 재산세, 상속세, 증여세 등도 누진세율이 적용되므로 공동명의일 때가 혜택이 크다. 단, 1가구 1주택으로 양도가액이 9억 원 이하인 주택은 비과세이므로 큰 차이가 없을 수 있다.
4) 임대소득이 발생하는 부동산도 공동명의로 설정하면 종합소득세와 향후 발생할 임대소득세를 절감할 수 있다. 취득세는 단일세율이 적용되기 때문에 공동명의로 한다고 해도 취득세는 줄어들지 않는다.
5) 공동명의의 단점도 있다. 부동산 담보를 통한 대출 및 주택 처분 시 명의자 전체가 동의해야 하므로 번거로울 수 있다. 담보대출 비율도 낮아진다. 또 명의자 한 명에게 압류가 들어왔을 때 다른 명의자 재산권도 제한된다.

11. 취득의 시기

1) 유상승계취득
   (1) 개인 간 매매
      ① 사실상의 잔금지급일
      ② ①에 해당하지 않는 경우에는 그 계약상의 잔금지급일
         계약상 잔금지급일이 명시되지 아니한 경우에는 계약일부터 60일이 경과한 날

chapter 11
배당과 조세우선권

최고가매수인이 낙찰대금을 완납하면 법원은 배당기일을 지정하고, 이해관계인에게 통지하여 채권계산서를 제출받으며, 배당기일 3일 전에 배당표 원안을 작성, 비치하여 채권자 및 채무자에게 보여준다.

배당은 경매 부동산의 매각대금을 법률적인 순위에 의하여 채권자들에게 교부하는 절차를 말한다.

선순위 임차인이 배당을 못받아 매수인이 선순위임차인의 보증금을 인수하는 경우가 있는지 정확한 배당표 확인이 필요하다.

1. 배당
1) 배당금으로 채권자들의 채권을 만족시키고도 남은 금액이 있을 경우에 이 금액(잉여금)은 소유자에게 지급한다.
2) 매각대금보다 채권자의 채권총액이 더 많아서 채권자들의 채권을 만족시키지 못할 경우에는 법률에 의하여 순위를 정하고 그 순위에 따라 배당을 하게 된다.

매수인이 낙찰대금을 완납하면, 법원은 매각대금납부일로부터 4주

전후에 배당기일을 지정하고, 채권자들에게 배당기일소환장을 송달하게 되며, 법원은 배당일에 미리 작성해놓은 배당표(3일 전에 확정)에 의하여 배당하게 된다.
3) 이해관계인 중 법원이 작성한 배당표에 대한 이의신청이 있으면 이의 부분에 한하여 배당이 유보되고, 배당이의신청자가 배당기일로부터 7일 이내에 배당이의 소를 제기한 뒤 소제기증명원을 경매계에 제출하면 법원은 이의 부분에 대한 배당금을 공탁하게 된다.
4) 배당이의신청을 했더라도 배당이의 소를 제기하지 않거나, 소송은 제기하였으나 소제기증명원을 배당기일로부터 7일 이내에 제출하지 아니하면 배당이의의 효력은 상실되고 배당이 확정되어 종전의 배당표대로 배당된다.

2. 배당의 당사자

채권자 중에는 배당의 당사자로서 배당요구를 해야 배당되는 채권자와 배당요구를 하지 않아도 배당되는 채권자가 있다.

배당요구와 대비되는 행위로서 권리신고가 있는데, 권리신고는 배당요구와 달리 부동산 위의 권리자가 집행법원에 신고를 하고 그 권리를 증명하는 것이며, 권리신고를 함으로써 이해관계인이 되지만, 권리신고를 한 것만으로 당연히 배당을 받게 되는 것은 아니며 별도로 배당요구를 해야 한다.

1) 배당요구 없이도 배당되는 채권자
(1) 경매신청 채권자
경매를 신청한 압류채권자는 배당요구를 하지 않아도 당연히 배당받을 수 있다.
(2) 중복 경매신청으로 압류채권자가 된 채권자
    선행사건의 배당요구의 종기까지 이중경매신청을 한 채권자는 별도의 배당요구를 하지 않아도 배당을 받는다 .
(3) 경매신청기입등기 전에 등기한 가압류권자, 담보권자, 임차권등기권자, 체납처분에 의한 압류등기권자, 배당요구종기(낙찰기일)까지 한 경매신청에 의하여 2중개시결정이 된 경우 뒤의 압류채권자
(4) 경매신청기입등기 전에 등기한 저당권자, 전세권자 등으로 낙찰로 인하여 소멸되는 권리자
(5) 배당기일 전에 채권신고를 한 국세, 지방세 채권자

2) 배당요구를 해야 배당되는 채권자

(1) 절대적 우선변제청구권이 있는 채권자
   ① 주택임대차보호법에 의하여 최우선변제권이 있는 소액임차인의 임차보증금 중 일정액의 채권
   ② 근로기준법에 의한 임금채권 중 최종 3개월간의 임금 및 최종 3년간의 퇴직금, 그리고 재해보상금 채권
   ③ 국세 등의 교부청구권자와 국세 등 조세채권 이외에 국민건강보험법, 의료법, 국민의료보험법, 산업재해보상보험법, 국민연금법에 의한 보험료 기타 징수금
(2) 주택임대차보호법의 대항요건(점유와 전입신고)과 확정일자를 갖춘 임차권자
(3) 가등기권자

(4) 채무명의를 가진 채권자

　　집행력 있는 판결정본, 인락, 화해, 조정조서, 지급명령, 집행력 있는 공정증서 등 채무명의를 가진 채권자
(5) 경매신청기입등기 후에 등기된 가압류채권자, 저당권자, 전세권자
(6) 경매신청기입등기 전에 설정한 근저당권의 채권최고액이 초과하여, 초과된 채권에 대한 배당을 받고자 하는 채권자
(7) 일반채권자

3. 배당 원칙 및 순위

물권과 채권은 민법, 상법, 세법, 민사특별법 등의 법률에 의하여 배당순위가 정해지며 일반채권자는 '채권자 평등주의'에 의하여 채권발생의 선후와 관계없이 채권액의 비율로서 배당받게 된다.

- 배당 원칙
  (1) 물권 상호 간의 배당(시간 순서에 따른다)
  　　저당권, 전세권, 담보가등기, 양도담보권, 질권 등의 물권은 설정일, 즉 등기일의 선후에 의하여 배당이 이루어진다.
  (2) 물권과 가압류채권의 배당(물건은 채권에 우선한다)
  　　물권 설정 후의 가압류채권은 물권이 선순위로 배당되며, 물권보다 우선하여 등기된 가압류채권이 있는 경우에는 물권과 가압류채권을 동순위로 취급하여 채권금액의 비율에 의해 안분, 배당하게 된다.
  (3) 물권과 일반채권의 배당

물권은 일반채권에 대하여 우선하여 배당되며, 일반채권 간에는 채권발생의 선후나 금액에 관계없이 금액의 비율에 의해 안분 배당된다.

확정일자부 임차권과 같이 특별법(임대차보호법)에 의하여 우선변제권이 보장되는 채권은 물권과 동등한 순위로 배당된다.

(4) 대항력(점유 및 전입신고)과 확정일자를 갖춘 임차인의 배당

우선변제권의 요건인 대항력과 확정일자를 갖춘 일자와 저당권 설정일의 우선순위에 의하여 배당이 이루어지게 된다.

(5) 국세와 지방세의 배당

당해세와 법정일자에 따라 다르다.

(6) 여러 권리들 간의 일반적인 배당 순위

변제 방법	순위	권리 종류
비용변제	0	- 경매진행에 따른 비용 - 경매목적부동산에 투입한 필요비, 유익비
최우선 변제	1	- 임대차보호법에 의한 소액임차인의 보증금 중 일정액 - 근로기준법에 의한 최우선변제 임금채권 - 최종 3월분의 임금채권(최종 3개월간 근무한 대가에 해당하는 임금채권) - 최종 3년간 퇴직금

	2	- 당해 재산에 대한 부과된 당해세
		  * 국세(상속세, 증여세, 재평가세 등)
		  * 지방세(재산세, 자동차세, 종합부동산세, 도시계획세, 공동시설세 등)

시간순 우선변제	3	- 확정일자부 임차인 보증금 - 당해세 이외의 조세(국세, 지방세) - 전세권, 저당권, 담보가등기 등 담보물권에 의한 담보된 채권
우선변제	4 5 6	- 일반 임금채권 - 담보물권보다 늦은 조세 채권 - 국민건강보험료, 산업재해보상보험료, 국민연금보험료
보통변제	7	- 일반채권 - 확정일자 없는 임차권

(7) 권리분석과 관련한 배당분석의 핵심

　권리분석과 관련한 배당분석의 핵심은 배당 결과 낙찰자가 인수해야 하는 금액이 어느 정도인지를 파악하는 것이다.

(8) 선순위 임차인의 보증금 채권

　배당분석에 나타나는 권리들 중에서 가장 중요한 것은 '선순위 임차인의 보증금 채권'이다.

(9) 배당 최선순위

　배당 순위는 권리순위와 큰 차이가 없지만, 무조건 배당에서 선순위를 가지는 것이 있다. 이것들을 '최선순위'라고 한다.

(10) 배당분석에서 중요한 것은 낙찰 후 인수할 금액이 있는지 없는지, 있으면 얼마인지를 입찰 전에 확인하는 것이다.

(11) 채권 상호 간의 순위는 공평하다.

(12) 등기부등본 분석은 매우 중요

　권리분석의 대부분은 등기부등본 분석에 있으므로 등기부등본 분석은 매우 중요하다.

(13) 등기접수일도 매우 중요하다.

　등기접수일의 순위에 따라 물권의 순위번호가 매겨지므로 등기접수일은 매우 중요하다.

(14) 등기부상의 권리

　① 물권인 경우 순위배당 후 흡수배당

　② 등기부상의 권리가 채권일때는 안분배당

　③ 채권금액이 표시되어 있는 가등기는 담보가등기로 배당

　④ 가압류는 현재 소유자에 대한 가압류로 간주하여 배당

　⑤ 임차인과 동순위 시 안분 배당

⑥ 전세권은 건물 부분에 대해서만 배당

배당표에 대하여 이의가 있는 채권자 또는 채무자는 배당기일에 법정에서 이의를 하고, 배당기일로부터 7일 이내 소를 제기한 사실을 증명하는 서류를 집행 법원에 제출해야 한다.

4. 조세 우선권

1) 의의

조세채권(조세·가산금 또는 체납처분비)이 다른 공과금이나 그 밖의 채권에 우선하여 징수할 수 있는 권리

2) 조세 우선권의 제한

(1) 선집행 지방세·공과금의 가산금·체납처분비

(2) 공익비용

강제집행·경매 또는 파산 절차에 따라 재산을 매각할 때 그 매각금액 중에서 조세채권을 징수하는 경우의 그 강제집행·경매 또는 가산금 또는 파산 절차에 든 비용은 조세와 가산금에 우선한다.

(3) 임차보증금

① 임차보증금 중 소액임차보증금 우선

주택임대차보호법 및 상가임대차보호법이 적용되는 소액임차보증금은 조세와 가산금에 우선한다.

② 임차보증금이 소액임차보증금에 해당하지 않는 경우

- 확정일자를 갖춘 경우

대항력 + 확정일자와 조세의 법정기일을 비교하여 우선 여부

를 판단한다.

- 확정일자를 갖추지 못한 경우

일반채권으로 취급되며, 이 경우에는 항상 조세가 우선한다.

(4) 근로관계로 인한 채권의 우선

① 최종 3월분의 임금·최종 3년간의 퇴직금·재해보상금

질권 또는 저당권에 의하여 담보된 채권과 조세·공과금 및 다른 채권에 우선한다.

② 그 밖의 임금채권

저당권 등의 설정등기일이 조세의 법정기일보다 이른 경우(즉 담보채권이 조세채권보다 우선하는 경우)에는 그 밖의 임금채권이 조세채권보다 선순위가 되나, 저당권 등의 설정등기일이 조세의 법정기일보다 늦은 경우에는 조세채권이 담보채권보다 우선하므로 그 담보채권보다 후순위인 기타 임금채권보다 조세채권이 선순위가 된다.

3) 법정기일

조세는 등기부상의 압류일을 기준으로 우선순위를 판단하면 절대 안 된다. 법정기일을 제대로 알아야 한다.

담보채권과 조세채권의 우선관계를 결정함에 있어 그 기준이 되므로 매우 중요한 의의를 갖는 바, 그 법정기일은 다음과 같다.

(1) 과세표준과 세액의 신고에 따라 납세 의무가 확정되는 조세(중간예납하는 법인세와 예정신고납부하는 부가가치세를 포함한다)의 경우 신고한 해당 세액에 대해서는 그 신고일 : 법인세, 소득세, 부가가치세 등

(2) 과세표준과 세액을 정부가 결정·경정 또는 수시부과 결정을 하는 경우 고지한 해당 세액에 대해서는 그 납세 고지서의 발송일 : 양도소득세 등

(3) 원천징수 의무자나 납세조합으로부터 징수하는 국세와 인지세의 경우에는 가목 및 나목에도 불구하고 그 납세 의무의 확정일

(4) 제2차 납세 의무자(보증인을 포함한다)의 재산에서 국세를 징수하는 경우에는 〈국세징수법〉 제12조에 따른 납부통지서의 발송일

(5) 양도담보재산에서 국세를 징수하는 경우에는 〈국세징수법〉 제13조에 따른 납부통지서의 발송일

(6) 〈국세징수법〉 제24조 제2항에 따라 납세자의 재산을 압류한 경우에 그 압류와 관련하여 확정된 세액에 대해서는 가목부터 마목까지의 규정에도 불구하고 그 압류등기일 또는 등록일

※ 가산세는 자체의 법정기일을 기준으로 해야 하며, 그 법정기일은 납세 고지서의 발송일이 된다.

- 신고일은 신고서 접수일
- 발송일은 우편발송일
- 교부송달의 경우 고지서 등의 교부를 위한 출장일

5. 해당 재산에 대하여 부과된 조세(당해세) 우선 원칙

조세의 법정기일 전에 담보 설정된 채권이라 하더라도 해당 재산에 대하여 부과된 조세에는 우선하지 못한다.

해당 재산에 대하여 부과된 국세는 상속세와 증여세 및 종합부동산세, 지방세는 재산세, 자동차세, 도시계획세 및 공동시설세를 말한다.

6. 조세 상호 간의 우선관계

조세 상호 간에는 원칙적으로 그 우선순위가 동등하나, 압류우선주의 및 담보 있는 채권의 우선 원칙이 적용된다.

1) 압류에 의한 우선

조세체납처분에 의하여 납세자의 재산을 압류한 경우에 다른 조세채권의 교부청구가 있으면 압류에 관계되는 조세채권은 교부청구된 다른 조세채권에 우선하여 징수한다.

2) 담보 있는 조세의 우선

납세담보물을 매각하였을 때에는 압류선착주의에도 불구하고 그 조세채권은 매각대금 중에서 다른 조세채권보다 우선하여 징수한다.
담보있는 조세 〉 압류한 조세 〉 교부청구한 조세

7. 조세채권과 피담보채권 등의 우선관계

1) 조세법정기일 전에 설정된 질권·저당권부 담보채권이 있는 경우

(1) 체납처분비
(2) 소액임차보증금 및 최우선 임금채권(최종 3월분의 임금과 최종 3년간의 퇴직금 및 재해보상금)
(3) 당해세(상속세, 증여세, 종합부동산세, 재산세 등)
(4) 피담보채권
(5) 일반적 임금채권
(6) 조세채권
(7) 일반채권

2) 조세법정기일 후에 설정된 질권·저당권부 담보채권이 있는 경우

(1) 체납처분비

(2) 소액임차보증금 및 최우선 임금채권(최종 3월분의 임금과 최종 3년 간의 퇴직금 및 재해보상금)

(3) 당해세(상속세, 증여세, 종합부동산세, 재산세 등)

(4) 조세채권

(5) 피담보채권

(6) 일반적 임금채권

(7) 일반채권

※ 전세권, 질권 또는 저당권 설정을 등기하거나 등록한 사실은 다음 중 하나로 증명한다.
① 부동산등기부등본
② 공증인의 증명
③ 질권에 대한 증명으로서 세무서장이 인정하는 것
④ 공문서 또는 금융회사 등의 장부상의 증명으로서 세무서장이 인정하는 것

chapter 12

명도

section 1

명도의 왕도

명도를 잘못하게 되면 외부로는 이익, 내부로는 손실을 보게 된다.

1. 명도의 기본 자세
1) 명도의 왕도는 대화이다.

문전박대를 당하더라도 가능한 점유자와 만나야 한다. 그러면 반드시 마음의 문을 열게 된다. 비록 다리는 힘들지라도 명도는 편안해질 것이다. 발품이 최고다.

최고가매수인으로 선정되면 이해관계인으로서 경매사건 서류 열람이 가능하다. 경매사건 서류를 열람하면 점유자의 연락처도 알 수가 있다. 연락처 확인 후 전화로 만날 약속을 하는 등 대화를 시도하며, 앞으로의 절차에 대해 문자나 우편발송을 한다.

2) 이사비 없는 명도는 생각지 마라.
입찰가격을 정할 때도 이사비를 비용에 포함하라. 그러면 명도 시 아깝다는 생각이 안들 것이다. 물론 법적으로 이사비를 지급해야 할 의무는 없다. 그러나 어차피 강제집행을 하더라도 소정의 집행비와 시간이 필요하다. 서로 적당한 선에서 이사비를 합의하게 되면 시간과 돈을 절약할 수 있다.

3) 강경책과 회유책을 같이 쓰자.
강경책은 인도명령신청, 회유책은 이사비용 지급으로 말할 수 있다. 이사비용을 지급하기로 마음을 정하였더라도 표현하지는 말자. 초기에 어떻게 대응하느냐에 따라 명도의 시간과 비용이 달라진다.

4) 강제집행은 최후의 수단이다.
전가의 보도는 함부로 휘두르기보다는 압박용으로 사용하는 것이 효과적이다. 단, 마치 맡겨놓은 돈을 찾아가는 것처럼 너무도 당연히 이사비를 요구하는 사람, 그것도 아주 터무니없이 과도한 금액을 요구하는 사람과 같은 진상 점유자에게는 엄정하게 대처할 필요가 있다. 과감한 강제집행을 해야 한다.

5) 집행 사전 예고제를 이용한다.
강제집행이 불가피하다면 강제집행을 신청하고 집행관에게 방문을 부탁하라. 집행관이 10일 이내에 자진 퇴거하지 않으면 강제집행하겠다는 계고서를 붙이면 효과가 바로 나타난다. 집행관이 협상을 종용하고 조만간 강제집행할 수 있음을 고지하면 대부분 점유자들은 협상에 응한다.

6) 잔금 납부 전에는 반드시 방문한다.

경매는 일반 매매와 달리 사전 방문이 거의 불가능하다. 그러나 낙찰 후에는 사정이 달라진다. 대금지급기한 통지서를 받으면 방문한다. 방문하면 명도의 난이도를 판단할 수 있다. 대화를 하다 보면 어느 정도 성향을 파악할 수 있기 때문이다. 덤으로 숨어 있는 하자를 발견할 수 있어 위험(금전 손실)을 최소화할 수 있다.

7) 잔금 납부와 동시에 통보한다.

잔금납부 후에는 내용증명을 보내 주인이 바뀌었다는 것과 이사할 수 있는 일정 기간(잔금 내는 날로부터 30일 이내)을 통보하고, 기한 내 이사가지 않으면 강제집행할 수 있으며 집행에 소요되는 비용 등을 청구할 수 있다는 점을 주지시킨다.

8) 때로는 빈집 명도가 더 힘들 수도 있다.

살림살이가 남아 있지 않다면 관리사무소 등의 협조를 얻어 조기에 입주할 수도 있다. 그러나 살림살이가 남아 있을 경우 함부로 옮겨서는 안 된다. 소정의 법적 절차를 거쳐 적당한 곳에 보관해야 한다.

2. 부동산 경매 점유자 유의사항

부동산 경매에 있어 점유자들과의 관계에 있어 부정확한 지식과 오해에서 여러 가지 문제가 발생되는 경우가 있으니 다음과 같이 주요 내용을 참고해야 한다.

1) 이사 나가기

소유자나 세입자 모두 소유권 이전과 동시에 주택을 비워야 하나 세입자인 경우 배당받기 이전에 새집을 구하기가 어려운 현실 때문에 통상 배당기일까지 집을 비우고 있다.

세입자가 배당금을 수령하려면 반드시 낙찰자의 인감증명서가 첨부된 명도확인서가 필요하다.

2) 각종 공과금 부담 책임

모든 공과금은 수익자 부담의 원칙에 따라 사용한 사람의 책임이며 이사하는 날까지의 비용은 모두 거주하는 사람들이 부담해야 한다.

흔히 경매 들어간 집의 경우 거주자들이 과도하게 사용하여 체납금액이 누적되는 경우가 많은데 낙찰자는 소유권을 이전받은 날 이후 사용분만 부담하므로 그 이전 사용분은 사용자의 책임으로 한전, 수도국, 도시가스에서 계속 관리, 청구되고 재산이 있을 경우 압류되거나 향후 주택 소유시 연체금액이 정리되지 않으면 가스, 전기, 수도가 공급되지 않게 된다.

아파트 등 집합건물의 경우 점유자가 이사갈 때는 관리비가 정리되지 않으면 관리사무소에서 이사를 못 가게 막으므로 이사가기 전에 관리비를 해결해야 한다. 관리비는 전용 부분과 공용 부분으로 나누어지는데 판례에 의하면 매수인은 공용 부분만 부담하면 되지만 현실에서는 울며 겨자 먹기로 연체 관리비 전체를 매수인이 내는 경우가 많다. 이사비 협의를 할 때 연체 관리비를 포함하여 이사비 협의를 해야 한다.

3) 주택이나 기물의 파손, 훼손, 분실
경매로 인수한 주택에 파손, 훼손, 분실이 있는 경우 현 점유자는 이에 대한 민사적, 형사적 책임을 지게 된다.
- 정당하게 법원 매각으로부터 취득한 부동산에 관하여 내부에 귀속된 싱크대, 냉장고, 새시, 보일러, 신발장, 욕조, 변기(비데 포함), 현관문, 베란다, 마루바닥 등과 같이 벽이나 콘크리트에 부착되어 있던 것들은 종물 또는 부합물로서 민법 제358조 "저당권의 효력은 저당 부동산에 부합된 물건과 종물에 미친다"라는 조항과 동법 제100조 "종물은 주물의 처분에 따른다"라는 조항과 대법원 판례 83마469 "등기부상의 표시 없는 부합물, 종물에 대한 경락허가결정에 따라 모두 적법하게 경락인이 소유권을 취득 한다"는 조항에 근거, 모두 매수인의 소유이다.

따라서 부동산 명도 시 부동산에 예속된 부속물을 하나라도 손괴, 적출 또는 소유 이동할 경우 '기물손괴죄' '절도죄' '강제집행면탈죄' 등으로 처벌될 수 있다.

4) 이사비 여부
흔히 경매당한 소유자나 세입자들이 이사비를 언급하는 경우가 많은데 낙찰자가 이사비를 부담할 아무런 이유가 없다. 물론 지금도 점유자가 원만하게 명도할 경우 실제 이사비 정도의 배려는 되고 있다.
- 정당한 권리 없는 불법점유인(주택소유권 이전 이후에 거주하는 사람들/세입자도 소유권이 이전된 이후부터는 불법점유인에 해당됨)이 소유자에 대하여 부당하게 금전을 요구하거나 또는 부당한 요구 사항을 강요하는 경우 이는 '공갈, 협박죄'에 해당하며 정당한 권원 없이 주택을 비우지 않는 경우 '권리행사방해죄'에 해당되어 형사적으로 문제가 될 수 있다.

5) 명도 지연에 따른 책임

점유자(세입자 또는 전소유자)가 정당한 권리 없이 집을 비워주지 않을 경우 형사문제와 별도로 민사 책임을 지게 된다. 강제집행이 있을 경우 그 비용 및 월세(주택점유사용료 / 현재 전세금 × 연 20% / 12개월)를 부담해야 하고, 명도지연에 따른 별도의 손해를 배상할 책임을 지게 된다.

이러한 비용은 점유인의 급여, 가재도구 등에 대한 차압이나 세입자의 배당금을 압류하여 충당하게 된다. 소액임차인 최우선변제액에 해당되어 배당받는 배당금은 압류할 수 없다.

6) 부동산의 명도 인정

부동산을 명도가 완전하게 인정되려면
① 제반 공과금의 정산
② 해당 주택의 변경, 훼손, 분실 비품의 원상복구
③ 소유물의 완전한 반출
④ 관련 쓰레기 및 폐기물 처리
⑤ 주택 내, 외부 열쇠의 인도가 있을 경우 유효하고 적법한 명도로

인정된다.

매수인에게 연락 없이 임의로 집을 비우거나 열쇠를 제3자에게 맡기거나 일정 장소에 보관하는 경우 등은 적법한 인도로 인정받지 못한다.

3. 명도 시 매수인 주의사항

최고가매수인이 되어 잔금을 내고 소유자가 되었다 하더라도 매수한 부동산에 마음대로 출입할 수 없다.

1) 거주자에게 입장을 허락받은 뒤에 들어갈 수 있다.
2) 거주자가 노인이면 자녀들 연락처와 본인 연락번호만 받고 철수하고 전화로 명도를 진행하는 것이 안전하다.
    명도하려고 설득하다가 졸도나 사망한 경우에 형사나 민사소송에 걸릴 수가 있다.
3) 부동산의 소유자일지라도 신발을 신고 들어가면 주거침입죄에 해당한다.
4) 소유자라 할지라도 거주자의 의사에 반하여 전기나 가스, 수도를 사용하지 못하게 하면 권리행사 방해죄가 성립되고 합의하려면 귀찮은 일이 벌어진다.
5) 주거침입은 거주자의 허락 없이 또는 의사에 반하여서 무단으로 주거 안으로 들어가는 것으로, 신체의 일부분만 들어가도 주거침입이 될 수 있다.
    침입했을 때 주거의 평온을 해칠 만한 사유였다면 주거침입죄의 기수범이 되고, 평온을 해치지는 않았으나 신체의 일부라도 들어온 경우라면 주거침입죄의 미수범이 된다.

주거침입에도 특수주거침입죄라는 가중처벌의 대상이 있다.

특수주거침입죄는 흉기 및 위험한 무기를 소지하고 침입하거나 다중이 위력을 보여 침입하는 등의 행위를 할 때 특수주거침입죄가 성립한다. 이것 또한 미수범도 처벌된다.

그리고 주거침입죄는 반의사불벌죄가 아니기 때문에 피해자가 고소를 취하하여도 용서가 되지 않고, 검사가 그대로 소송을 진행시킨다.

- (주거·신체 수색죄) 사람의 신체, 주거, 관리하는 건조물, 자동차, 선박이나 항공기 또는 점유하는 방실을 수색한 자는 3년 이하의 징역에 처한다.
- (권리행사방해죄) 타인의 점유 또는 권리의 목적이 된 자기의 물건 또는 전자기록등 특수매체기록을 취거, 은닉 또는 손괴하여 타인의 권리행사를 방해한 자는 5년 이하의 징역 또는 700만 원 이하의 벌금에 처한다.
- (강요) 폭행 또는 협박으로 사람의 권리행사를 방해하거나 의무 없는 일을 하게 한 자는 5년 이하의 징역에 처한다.
- (주거침입죄·퇴거불응죄) 사람의 주거, 관리하는 건조물, 선박이나 항공기 또는 점유하는 방실에 침입한 자는 3년 이하의 징역 또는 500만 원 이하의 벌금에 처한다.

  전항의 장소에서 퇴거 요구를 받고 응하지 아니한 자도 전항의 형과 같다.

4. 위장 임차인

부동산 경매에서 가장 어렵고 힘든 부분이 명도이다. 명도는 소유자나 임차인 기타 점유자로부터 열쇠를 넘겨받는 과정이라 할 수 있다.

초기 대응 잘못으로 법적으로는 소유자임에도 자신의 재산권을 행사 못하고 적게는 수개월 길게는 몇 년을 자신의 소유 부동산에 들어가 보지도 못하고 고생하는 경우가 있다.

경매 업무를 하다 보면 임차인이 아니면서 임차인으로 권리신고를 하거나 매수인에게 아예 대놓고 소액보증금 최우선변제를 받지 못한 대가로의 일정한 보상을 요구하는 사람들을 위장 임차인이라 한다.

굳이 위장 임차인과 진짜 임차인을 구별할 필요는 없으나 편안한 명도를 위해서는 필요한 일이다.

1) 경매개시결정일에 임박하여 전입신고가 이루어졌고 임차인의 신고된 보증금이 소액보증금 이내라면 위장 임차인이 거의 확실시되는 사안이다. 위장 임차인의 경우 그 주된 목적은 소액임차인으로서 일정액을 최우선변제 받기 위한 것이므로 보증금을 소액보증금 또는 최우선변제액 범위 내에서 신고하는 것이 일반적이다.
2) 한 가구에 여러 세대가 전입하여 있는 경우에도 그 세대 중 일부(또는 전부)는 반드시 위장 임차인일 가능성이 많다.
3) 구체적 사안에 따라 다소 다르지만 소유자(또는 채무자)와 임차인이 친인척관계인 경우에도 위장 임차인일 가능성이 농후하다. 경매정보에 나타난 소유자와 임차인의 이름이 비슷하거나 임대차현황조사서에 기재된 소유자와 임차인의 관계가 위장 임차인 여부를 판단하는 중요한 자료가 될 수 있다.

4) 법원에 접수된 배당배제신청서가 있는지 확인해야 한다. 즉 위장 임차인으로 의심할 만한 점유자가 있는 경우, 십중팔구는 채권자(또는 채권은행)에 의해 법원에 그 점유자에 대한 배당을 배제해달라는 배당배제신청서가 접수되어 있다. 위장 임차인으로 인해 가장 피해를 보는 이해관계인이 바로 채권자이기 때문이다.
5) 위장 임차인에 대한 확신 여부는 곧 이주비용이나 기간 등 부동산 명도(협의)에 대한 주도권을 누가 갖느냐와 결부된다.

위장 임차인은 애당초부터 낙찰자와 적대적인 관계를 예상하고 점유하고 있기 때문에 사실상 법원으로부터 최우선변제액을 배당받을 것이라고 100% 기대하지는 않는다. 최우선변제를 받으면 더할 나위 없이 좋지만, 그렇지 못하더라도 낙찰자에게 어느 정도의 이주비라도 받으면 소기의 목적은 달성하게 되는 셈이다. 그 불순하게 의도된 목적의 달성은 곧 낙찰자의 피해와 직결되는 것이므로 경매정보, 현장 조사, 집행기록 열람 등을 통해 위장 임차인 여부를 적극 소명해야 한다.

위장 임차인이 어느 정도 확신되는 주택을 낙찰받았을 때는 가능한 한 배당기일 전에 명도하는 것이 추가비용을 줄이는 방법이다.
6) 대항력 있는 임차인이 보증금의 일부만 배당받을 경우 그 잔액에 대하여 매수인에게 동시 이행의 항변을 할 수 있으므로 명도확인서가 필요없다.

소유자는 명도확인서가 없어도 배당이 가능하다. 자기 재산을 법원이 매각하고 남은 잉여금이므로 명도확인서 없이 수령할 수 있는 것이다.

채무자는 대금납부 시점, 임차인은 배당일 시점, 대항력 임차인은 임대보증금을 전부 수령하는 시점부터 점유할 권리가 없다.

※ 형법 제315조(경매, 입찰의 방해) 위계 또는 위력 기타 방법으로 경매 또는 입찰의 공정을 해한 자는 2년 이하의 징역 또는 700만 원 이하의 벌금에 처한다.

서로 감정싸움이 되지 않는 한 조금씩 양보한다는 생각으로 임하면 서로 웃을 수 있다.

5. 점유이전금지 가처분

점유이전금지 가처분 신청은 신청 후 수일 내로 담보제공명령을 받게 되고, 담보를 제공하게 되면 점유이전금지 가처분 결정문을 송달 받게 된다(통상 일주일 이내). 그 점유이전금지 가처분 결정문을 송달 받은 날로 부터 14일 이내에 점유이전금지 가처분 집행을 집행관과 함께 해당 건물을 방문하여 집행해야 한다. 따라서 최장 1개월 정도 걸린다.

점유이전금지 가처분은 명도소송 중 점유자가 다른 사람으로 바뀌는 것에 대한 대비책이다.

만약 점유이전금지 가처분 이후 세입자가 제3자에게 점유를 이전한다면, 망설일 필요 없이 이전 세입자를 상대로 한 건물명도청구소송의 확정판결에 승계집행문을 부여받아 명도집행을 하게 된다.

따라서 건물명도청구 소를 제기하기 전에 먼저 점유이전금지 가처분을 신청하고 건물명도청구소송의 확정판결이 나오면 이에 승계집행문을 부여받아 명도를 집행하라는 뜻이다.

부동산 점유이전금지 가처분신청

채권자 (성명)　　　　　　　(주민등록번호　　　　　)
　　　　(주소)
채무자 (성명)　　　　　　　(주민등록번호　　　　　)
(주소)
목적물의 표시 : 별지목록 기재와 같습니다.
목적물가액의 표시 : 금　　　　원
피보전권리의 요지 : 20 . . .

신청 취지

1. 채무자는 별지목록 기재 부동산에 대한 점유를 풀고 채권자가 위임하는 집행관에게 인도 해야 한다.
2. 위 집행관은 현상을 변경하지 아니하는 것을 조건으로 하여 채무자에게 채무자에게 이를 사용하게 해야 한다.
3. 채무자는 그 점유를 타인에게 이전하거나 또는 점유명의를 변경하여서는 아니 된다.
4. 집행관은 위 명령의 취지를 적당한 방법으로 공시해야 한다.

라는 재판을 구합니다.

신청 이유

1. 채권자는 20○○. ○. ○. 이 사건 부동산인 별지목록 부동산을 부동산경매를 통하여 적법하게 매수한 소유권자입니다.
2. 채무자는 아무런 권리나 권한 없이 위 부동산을 전부를 점유하고 있습니다.
3. 채권자는 이 사건 부동산의 소유권에 기초하여 채무자에게 위 부동산의 인도명령을 신청하였으나, 만약 채무자가 그 점유를 다른 사람에게 이전해줄 경우 위 본안결정의 집행이 불가능해질 위험이 있으므로 이 사건 신청에 이른 것입니다.
4. 이 사건 부동산점유이전금지가처분명령의 손해담보에 대한 담보제공은 보증보험주식회사와 지급보증위탁계약을 맺은 문서를 제출하는 방법으로 담보제공을 할 수 있도록 허가하여 주시기 바랍니다.

첨부서류

1.
1.

　　　　　　　　　　20 . . .

　　　　위 신청인　　　　　　　(서명 또는 날인)

　　　　　　　　　지방법원 귀중

section 2

부동산 인도명령

부동산 인도명령은 낙찰자가 별도의 명도소송 없이도 강제집행 권원을 확보할 수 있도록 하여 빠르게 부동산을 명도받을 수 있도록 하는 제도이다.

 법원은 낙찰잔금을 납부하여 소유권을 취득한 매수인이 부동산의 인도를 거부하는 소유자, 채무자, 대항력이 없는 부동산 점유자를 대상으로 6월 이내에 경매법원에 신청하면 경매법원이 심사하여 결정으로써 집행관으로 하여금 해당 점유자를 낙찰 부동산으로부터 강제로 퇴거시킬 수 있도록 명하는 법원의 명령을 말한다.

1. 인도명령을 신청할 수 있는 자

인도명령을 신청할 수 있는 자는 매수인과 매수인의 상속인 등 일반승계인에 한한다. 매수인이나 그 승계인이 매각대금을 완납하였음을 요하며 매수인 명의로 소유권이전등기가 되었음을 요하지는 않는다.

※ 주의사항 : 매매·증여 등을 원인으로 하여 매수인으로부터 낙찰 부동산을 양수받은 매수인·수증자 등의 특정 승계인은 인도명령을 신청할 수 없다.

2. 인도명령의 상대방

인도명령의 상대방은 채무자, 소유자, 낙찰로 인해 소유자에게 대항할 수 없는 후순위 임차인, 부동산 점유자이다.

3. 인도명령의 인용

주택(상가)임대차보호법상의 대항력과 우선변제권을 겸유하고 있는 임차인은 임차인에 대한 배당표가 확정될 때까지는 매수인에 대하여 임차주택(또는 상가건물)의 명도를 거절할 수 있으며, 인도명령의 인용도 배당기일 이후에 된다.

4. 인도명령의 신청

1) 신청 방법

인도명령의 신청서에는 1,000원의 인지를 붙이고, 송달료 18,000원(4,500원×4)을 납부해야 한다.

2) 신청 시기

인도명령은 매각대금을 낸 뒤 6월 이내에 신청해야 한다.

5. 인도명령의 재판

1) 인도명령 대상이 소유자 등 당연 대상이 되는 사람인 경우에는 인도명령 신청한 뒤 2~3일 이내에 인용된다.
2) 당연 대상이 되지 않는 대상의 경우에는 그 점유자를 심문한다.
3) 인도명령대상자가 임차인인 경우에는 배당일 이후에 인용된다.

부동산 인도명령신청

인지:1,000원 송달료:18,000원

사건번호: 20 타경

신청인(매수인)　　성명:
　　　　　　　　　주소:

피신청인(점유자)　성명:
　　　　　　　　　주소:

신청 취지

서울중앙지방법원 20 타경 호 부동산 경매사건에 관하여 피신청인은 신청인에게 별지목록 기재 부동산을 인도하라.라는 재판을 구합니다.

신청 이유

위 당사자 간 귀원 20 타경 호 부동산 경매사건에 관하여 매수인은 매수대금을 완납하였으므로 피신청인에게 명도를 요구하였으나 불응하므로 별지 목록기재 부동산을 매수인에게 인도하게 하는 명령을 구함

첨부서류

1. 부동산 목록(매수인이 매수한 부동산에 대한 목록 4부
2. 송달료 납부서(18,000원)

20 . . .

위 신청인(매수인)　　　　　(서명 또는 날인)

지방법원 귀중

6. 부동산 점유이전금지 가처분

점유자를 상대로 인도명령신청을 하였는데 점유자가 바뀌어 집행을 하지 못하였다면, 바뀐 점유자가 전 점유자의 승계인이라면 승계집행문을 부여받아 재집행을 하면 되고, 전혀 별개의 점유자라면 집행불능조서(집행관이 작성)를 첨부하여 다시 인도명령신청을 할 수 있다. 또 전혀 별개의 점유자는 무단침입으로 형사고소하면 처벌을 받을 수 있다.

  대항력 임차인은 보증금을 전액 배당받는 것으로 배당표가 확정된 후에는 인도명령의 상대방이 된다.

7. 기록상 드러나지 않는 점유자를 상대방으로 하는 경우

(1) 채무자에 대한 인도명령에 기하여 인도의 집행을 실시하였으나 제3자의 점유로 집행불능되었다는 집행관이 작성한 집행불능조서 또는 주민등록등본 등 그 점유 사실과 점유 개시 시기를 증명할 수 있는 서면을 제출하여 인도명령을 신청해야 한다.

(2) 대금을 납부하고 주택소유자의 신분으로 방문하였는데 집 안에 누군가 거주하고 있는 것으로 파악이 되었지만 응답이 없으면 112에 가택침입자로 신고하여 거주자의 신원 확인을 할 수 있다.

(3) 경매기록상 나타나 있지 않은 자를 상대로 인도명령신청을 할 때에는

  ① 점유자가 살고 있다는 내용의 거주사실증명서를 작성하여 이웃이나 반장, 관리소장 등 2명 이상으로부터 서명을 받는다.

  ② 점유자의 신분을 확인한 뒤 주민센터에 가서 주민등록을 발급받는다.

③ 위의 서류를 준비해서 인도명령신청서와 함께 경매계에 제출한다. 이 경우 법원에서 제3자를 상대로 심문기일통지서를 발송하고, 심문하고 있지만 거의 출석하지 않거나 출석해도 임차인으로 보기 어려워 인도명령결정을 내리고 있다.

section 3

연체 공과금 처리

밀린 공과금에 대하여 어떻게 해결해야 하는지 알아보기로 한다.
　밀린 공과금은 매수인이 부담할 의무가 없지만 실제로 현장에서 부딪칠 때는 쉽게 해결되지 않는다.

1. 도시가스
서울특별시 도시가스 공급 규정에 의하면, 매수인은 소유권 이전 전에 체납된 사용료 및 연체료에 대하여 납부할 의무가 없다고 나와 있다.

2. 전기요금
전기요금도 많이 연체되면 단전 예고장을 붙이고 단전 조치, 계량기 철거까지 들어간다.
　등기부등본(건물)을 가지고 한전 수금과에 방문하여 처리하면 모두 정리된다.

3. 수도요금
수도요금은 수도국이나 수도과에 등기부등본 가지고 가면 된다.

4. 관리비
연체 공과금 중에서 연체 관리비는 도시가스, 전기, 수도요금에 비해 처리가 복잡하다.

집합건물의 관리비에는 도시가스 요금은 포함되지 않는 곳이 많다. 금액 확인 시 도시가스 요금은 별도인지를 확인한다.

밀린 관리비 내버리면 될 것 같지만 상가의 경우 수천만 원이 연체된 경우도 본 적이 있다.

참고로 집합건물(아파트, 빌라, 연립, 구분상가 등)의 연체 관리비는 공유면적에 대한 금액만 낙찰자가 부담한다는 대법원 판례가 있다(대법 2001. 9. 20. 선고 2001다8677 판결).

따라서 전유 부분에 대한 관리비는 부담하지 않는다.

집합건물의 관리비는 전유 부분과 공용부분으로 나누어지며, 집합건물의 전 입주자가 체납한 관리비는 아파트 관리규약 정함에 따라 그 특별승계인(낙찰자)에게 승계되는 것은 공용부분에 한한다는 판례가 있다(대판2001. 09. 20. 2001다8677). 체납으로 인한 가산금은 낙찰자가 승계하지 않는다.

일반관리비는 공용 부분도 아니고, 전유 부분도 아니며, 그것을 공유부분의 것과 전유 부분의 것으로 구분한다는 규정이 없다. 이 부분은 아파트 관리소와 적절한 합의가 필요하다.

현실에서는 연체 관리비를 모두 완납하지 않으면 관리사무소에서 점유자의 이사를 막는 사례가 대부분이다. 이런 경우에는 일단 전유부분의 관리비까지 납부한 뒤 소송을 통해 돌려받는 방법도 있다. 소송을 통해 돌려받는다 해도 점유자가 이사가는데 힘으로 막는 것을 사진이라도 찍어서 재판에서 제시해야 승소할 수 있다.

관리비 채권의 소멸시효는 3년이다. 매수대금납부 시점에서 3년이 지난 관리비는 내지 않아도 된다. 단, 가압류 등 시효중단의 효력이 없는 경우여야 한다.

5. 이행강제금

위반 건축물이 제시외건물로 낙찰자의 소유가 되면 이행강제금은 개인 이름으로 부과되기 때문에 새로운 소유자에게 위반 건축물의 사용 승인이 나기까지 이행강제금이 부과된다.

낙찰자가 사용허가가 나지 않은 건물을 일괄경매로 낙찰받으면 의무 이행을 할 때까지 횟수의 제한을 두고 이행강제금이 부과되고, 그 이후에는 행정대집행의 처분을 당하게 된다.

토지만 낙찰받은 것이라면 건물에 대한 이행강제금은 낙찰자에게 부과되지 않는다. 위반 건축물에 대한 이행강제금, 과태료 처분 등의 내용은 시청 건축과에서 확인할 수 있다. 이행강제금은 1년에 2회 부과할 수 있으나 통상 1년에 1회 부과하고 있다.

6. 미납 안내 전화

공급처	전화번호	담당지역	공급지역
서울도시가스	1588-5788	서울	강서구, 관악구, 동작구, 마포구, 서대문구 일부, 양천구 일부(목동, 신월 4동/5동), 영등포구, 은평구, 용산구 일부, 종로구 일부, 서초동(반포본동, 반포 2·3·4동, 잠원동 일부, 서초3동, 방배본동, 방배1-4동)
		경기	고양시, 김포시 일부, 파주시
코원에너지서비스	02-3410-8000	서울	강남구, 강동구, 서초구, 송파구
		경기	과천시, 광주시, 성남시, 여주시, 이천시, 하남시
대륜E&S	02-950-5000 031-951-0100	서울	노원구, 도봉구, 강북구 전역 및 성북구 13개 동
		경기	의정부시, 양주시, 동두천시, 연천군 및 포천시 7개 읍·면
강남도시가스	02-2680-4700	서울	구로구, 금천구, 양천구 일부
예스코	1544-3131	서울	광진구, 성동구, 중구, 중랑구, 동대문구, 종로구, 서대문구, 성북구, 용산구, 마포구
인천도시가스	1600-0002	인천	강화군, 계양구, 남동구 일부, 동구 일부, 부평구, 서구, 중구
		경기	김포시, 대곶면, 월곶면 전역, 양촌면 일부
삼천리도시가스	1544-3002	경기	수원, 부천, 안성, 안양, 오산, 용인, 의왕, 평택, 인천 일부(인천도시가스 외), 시흥, 안산, 화성, 광명, 군포
부산도시가스	1544-00009	부산	
충남도시가스	1666-0009	대전	
전북에너지서비스	1599-0009	전북	
천안도시가스	1544-0041		

한전	123		
수도	121		수도권 지역번호 + 121(경기 031-121) 고양시 상수도 사업부(미납 내역): 031-929-4000
천안 북부도시가스	041-523-3130 041-523-3395		천안 두정 천안 성정
천안 수도	041-521-3141		
천안 전기	041-123		

section 4

강제집행 절차

인도명령신청 → 인도명령결정 → 송달증명 → 경매계에서 집행문 부여받음 → 강제집행 접수 → 강제집행위임서 제출 → 집행비용 예납 → 집행관과 계고 → 강제집행 실행 → 부동산 인도

1. 점유자와 이사 합의가 되지 않으면 강제집행

점유자와 이사 합의가 되지 않으면 결국 강제집행을 하게 된다. 강제집행은 인도명령신청이 인용되고 송달되면, 인도명령결정문과 송달증명원을 경매계에서 발급받아 집행관사무실에 신청한다.

필요한 서류는 ①강제집행신청서 ②집행문부여신청서 ③강제집행위임장 ④판결정본이다.

강제집행 신청을 한 이후에 집행관과 계고를 나가게 된다. 계고는 강제집행 시 비용이 얼마 정도 들지 현장 확인하는 것으로 생각하면 된다. 집행관과 증인 2명이 나가 강제집행을 위한 예비절차이다. 계고를

하면 보통의 점유자들은 심리적인 부담을 갖게 되고 이사 협상이 타결되기도 한다. 계고를 하였음에도 명도가 되지 않으면 강제집행을 하게 된다.

2. 집행 방법

1) 2회 이상 집행 불능 시 강제집행

낙찰대상 부동산에 점유자가 있음에도 불구하고 집행방해를 목적으로 문을 열어주지 않거나 부재중이어서 2회 이상 집행 불능이 되면 성인 2인 또는 국가공무원(주민센터 직원), 경찰공무원 1인 입회하에 강제집행을 할 수 있다. 이때 반출되는 유체동산에 대해서는 집행관이 목록을 작성하여 채무자 비용으로 채권자에게 보관시킨다.

2) 야간, 휴일의 명도

야간과 휴일에는 법원의 허가가 있을 때에만 집행을 할 수 있으며, 허가 명령을 제시해야 한다.

3) 빈집의 명도

관리실 등 관리업체를 통해 낙찰 대상 부동산이 공가임이 입증되는 경우에는 강제집행을 할 필요가 없고, 관리 또는 경비실에 신고하고 잠금장치를 해제하여 인도하는 방법도 가능하다. 그러나 장기간 방치된 유체동산이 있는 경우에는 국가공무원, 경찰공무원 또는 20세 이상의 관리사무소 직원 등의 입회하에 일정한 곳에 보관해야 한다.

이때 그 짐은 점유자가 가져가는 경우도 있으나 이삿짐센터에 보관해야 할 수도 있고, 매수인은 매수인의 이름으로 3개월 보관료를 선납

해야 한다.

　강제집행비용은 평당 10만 원 정도이며, 지역, 명도 대상 부동산에 따라 차이가 있다. 사다리차, 박스차, 열쇠 여는 비용은 강제집행비용에 포함되어 있지 않아 현금으로 지불한다.

3. 집행신청비용 반환

계고 후 점유자가 이사 나가면 집행신청비용은 대부분 돌려받는다. 창고보관료는 각 지방법원마다 협력 보관창고가 있어서 창고 1개당 30만 원 전후이다.

4. 강제집행비용

대략 평당 10~12만 원 정도로 강제집행 대상 평수에 따라 틀리지만 통상 150~250만 원 정도 소요된다.

강제집행 접수비	약 40,000원 × 명도 접수건
집행관 수수료	집무 2시간 미만 ~ 15,000원 집무 2시간 초과 ~ 1시간마다 1,500원 가산
노무자수	5명 미만 : 2 ~ 4명 5평 이상 10평 미만 : 5 ~ 7명 10평 이상 20평 미만 : 8 ~ 10명 20평 이상 30평 미만 : 11 ~ 13명 30평 이상 40평 미만 : 14 ~ 16명 40평 이상 50평 미만 : 17 ~ 19명 50평 이상 : 매 10평 증가 시 2명 추가
노무임금	노무자 1인당 70,000원 야간 집행 - 노무자 1인당 비용 + 20% 정도 가산 측량, 목수 등 특수 인력 및 포크레인 등 장비 동원은 별도비용으로 계산

＊ 강제집행 후 이삿짐 보관업체
KMCY(계명 콘테이너 보관창고) : http://www.kmcy.co.kr 시흥시 정왕동 오픈

5. 입찰가격 산정

입찰을 볼 때부터 집행비용을 추산하여 빼고 입찰가격을 산정해야 한다. 만약 짐 주인(피신청인)이 그 짐을 안 가져가면 어떻게 될까?

이삿짐센터에서 알아서 그냥 처리해버리면 좋은데, 이삿짐센터에서 3개월 뒤부터 매수인에게 전화해서 "보관료를 더 입금 하라"는 둥, "가압류 친다"는 둥, 쓸데없는 소리를 하는 경우도 있다. 매수인 입장에서 그냥 무시하면 될 듯도 하지만 왠지 석연치 않은 구석이 있는 것도 사실이다.

이런 경우 보관해놓은 짐을 합법적으로 처리하는 방법은 3가지가 있다.

1) 점유자가 인도집행 당할 때까지 거주한 기간에 대하여 임차료를 청구하는 것이다. 번거롭고 시간도 많이 걸리고 귀찮은 절차이다.

2) 민사집행법 제258조 6항의 경우로 신설된 규정이다. 일반적으로 많이 알려지지 않았다. 민사집행법은 "채무자가 그 동산의 수취를 게을리한 때에는 집행관은 집행법원의 허가를 받아 동산에 대한 강제집행의 매각 절차에 관한 규정에 따라 그 동산을 매각하고 비용을 뺀 뒤에 나머지 대금을 공탁해야 한다"고 규정하였다.

즉 인도집행 후 집행관이 이사짐센터에 보관된 짐을 찾아가라고 짐 주인에게 수차 통보하였음에도 불구하고(내용증명 우편으로) 짐 주인이 짐을 찾아가지 않을 경우 집행관이 기타집행계에 보관된 짐에 대한 매각명령을 신청하여 그 결정문으로 집행관이 보관된 짐에 대하여 유체동산 경매 절차를 밟는 것이다.

이것은 상당히 특이한 절차이다. 낙찰자가 신청하는 것이 아니라 담당 집행관이 법원에 매각명령신청서를 작성해서 집행관이 결정을 받는 것으로 집행관이 그 권한을 갖게 된다. 이것은 보관된 짐이 거의 쓰레기 수준일 경우 사용하면 좋다. 어차피 보관된 짐을 다 팔아도 오히려 폐기처분비용이 더 발생할 수 있으므로 유체동산 경매로 낙찰받아서 폐기처분하면 되기 때문이다.

3) 인도집행하는 데 발생한 비용을 짐 주인에게 청구하는 것으로 집행비용액 확정신청이다.

이 절차는 낙찰자가 인도집행을 위하여 집행관 사무소에 제출한 비용 일체에 대하여 짐 주인(피신청인)이 낙찰자에게 지급하라는 취지로 민사신청과에 접수한다.

이때 집행관 사무소에서 사건별 예납금 등에 대한 '출납내역서'를 발급받아 신청서에 첨부하면 된다.

이렇게 집행비용액 확정신청을 하면 법원은 짐 주인에게 출납내역서에 대한 이의가 있는지 최고서를 발송한다. 최고기간 내에 이의가 없으면 집행비용액이 확정되고, 집행문을 부여받아 낙찰자가 집행관사무소에 유체동산 경매를 신청하면 된다.

기간은 통상 2~3개월 정도 걸리는데, 보관한 짐이 쓸 만하여 가치가 있을 경우 매각으로 강제집행한 비용을 뽑을 수 있고, 혹시 짐 주인이 재산이 있으면 그 재산에 대하여 강제집행할 수도 있으므로 유용하게 쓸 수도 있으리라 생각된다.

명도확인서

채권자 :
채무자 :
매수인 :

부동산의 표시 :
위 사건에 관하여 아래 임차인은 그 점유부동산을 20 . . . 매수인에게 명도하였음을 확인합니다.

아래

임차인 성명 :
　　　주소 :

첨부서류 1. 매수인의 인감증명서
　　　　　2. 임차인의 주민등록등(초)본

20 . . .

위 매수인　　　　　　　　　　　(인감)

법원 경매계 귀중

화룡점정(畵龍點睛).

기초를 튼튼히 하여

좋은 물건을 낙찰받았다 해도

마무리를 잘해야 진정한 나의 소득이 된다.

경매의 마무리는 세금이다.

PART 3

마무리를 잘하자

— 겉에서도 이익, 속에서도 이익

chapter 13

양도소득세
– 부동산 경매의 마무리는 세금이다

양도소득이란 일정한 자산의 양도로 발생하는 소득이다. 여기에서 양도란 매매, 교환, 현물출자, 부동산 경매 등에 의해 그 자산이 유상으로 사실상 이전되는 것을 말한다.

1. 양도소득세 관련 주의할 점
1) 손해를 보았더라도 반드시 신고해야 한다.
신고를 해야 불이익이 없고, 같은 과세 기간에 양도차손을 통합하여 세금을 아낄 수 있다. 부동산 경매 또는 공매를 통하여 보유 부동산이 타인에게 넘어가는 경우에도 양도소득세를 신고해야 한다.

2) 양도소득세 계산 방법을 숙지해야 한다.
(1) 점포가 딸린 겸용 주택은 연면적에 따라 과세방법이 달라짐으로 양도소득세 계산 방법에 유의해야 한다.
- ■ 겸용 주택(주택 + 상가)
- – 주택의 연면적 > 상가의 연면적인 경우 : 전체를 주택으로 본다

- 주택의 연면적 ≤ 상가의 연면적인 경우 : 주택 부분은 주택, 상가 부분은 상가로 본다.

(2) 양도소득세 대책
　① 매매계약 전에 층별 연면적을 확인한다.
　　연면적이란 '어떤 건물의 각 층의 바닥면적을 모두 합한 넓이'를 말한다.
　② 면적에 따른 과세판단을 한다.
　　만일 주택 연면적의 합계액이 상가 연면적의 합계액 보다 더 큰 경우에는 전체를 주택으로 간주하여 전체의 양도차익에 대해 비과세를 받을 수 있다.
　　하지만 주택 연면적이 상가 연면적보다 작거나 같으면 주택 부분은 비과세를 받을 수 있지만 상가 부분에 대해서는 양도소득세를 내야 한다.
　③ 대안을 마련한다.
　　상가 연면적이 주택 연면적보다 같거나 큰 상황에서는 주택의 연면적을 늘리면 전체에 대하여 양도소득세를 비과세받을 수 있게 된다.
　　이때 지하층이나 옥탑방 등을 용도변경하거나 주택을 증축하면 주택 면적이 늘어난다.
　　여기서 주의할 점은 용도변경 등을 한 경우에는 주택으로 사용하는 기간은 2년 이상이 되어야 한다는 것이다.

> **TIP** **실질과세원칙**
> 세법의 해석 및 과세 요건의 검토·확인은 실질에 따라야 한다는 세법 고유의 원칙이다.
> 예를 들어 장부상 상가로 되어 있으나 실제 주택으로 사용하였다면 주택으로 본다는 것이고, 지목상 임야로 되어 있으나 농사를 지었다면 농지로 본다는 것이다.

3) 자료소명을 요구받으면 즉각적으로 대응하라

관할 세무서에서 거래대금이나 인테리어 비용 등에 대해 소명을 요구하는 경우 즉각적으로 대응하자.

4) 보유한 주택수에 따른 양도 전략을 세워라

2주택 이상의 경우 임대주택등록을 통한 절세 방안 고려

5) 양도소득세 신고하는 방법을 익혀야 한다.

꼼꼼히 살펴보면 절세할 수 있는 부분이 있다.

6) 부동산의 양도 시기와 취득 시기를 명확하게 알아야 한다.

부동산 경매를 통하여 취득하는 경우에는 낙찰잔금을 납부한 날이 취득일이 된다.

양도 시점은 잔금을 받은 날이다. 잔금을 받기 이전에 등기를 먼저 넘겨주었다면 등기접수일이 기준이 된다.

7) 비용 영수증을 보관하라.

취득비용이 양도소득세에서 공제되는 것을 잘 파악해야 한다. 취득세를 비롯한 기타 비용 영수증을 보관하라.

8) 상가 건물에는 부가가치세가 있다는 것을 잊어서는 안 된다.
양도 시 거래금액에 부가가치세를 개입시키지 않으려면 양도자와 양수자가 포괄양수도 계약을 맺으면 된다. 계약서에 "부가가치세는 건물을 사는 사람이 부담한다"라고 명기한다.

9) 위자료와 재산분할의 과세에 유의하라.
위자료로 부동산을 주게 되면 양도소득세가 과세되고, 재산분할인 경우 증여세, 양도소득세 모두 과세가 안 된다.

2. 다운계약서
1) 부동산 거래 신고의무제도
부동산을 매매한 경우에는
- (1) 계약 체결일로부터 60일 이내에 실지거래가격으로 부동산 소재지 관할 시청·군청·구청에 신고해야 하고
- (2) 중개업자가 거래계약서를 작성·교부한 경우 반드시 중개업자가 신고를 해야 하며
- (3) 신고된 부동산 거래가격은 허위 신고 여부 등에 대해 검증을 거치게 되며
- (4) 거래내역 및 검증결과는 국세청 및 시청·군청·구청 세무부서에 통보하여 과세자료로 활용되고 있다.
- (5) 2006년 6월 1일부터 신고된 가격은 등기부등본에 기재되며,

2007년부터 양도소득세가 실제 거래가격에 따라 계산하여 부과되고 있다.

2) 다운계약서의 의미와 목적
 (1) 다운계약서의 의미
  ① 매도인과 매수인이 합의하여 실제 거래가격이 아닌 허위의 거래가격으로 계약한 계약서이다. 즉 부동산 다운계약서란 실제거래금액보다 적은 금액으로 부동산을 양수도하는 것으로 작성한 계약서를 말한다.
  세금을 덜 내기 위해 하는 행위가 많고 대개 매도인의 제안으로 매수인이 수락하는 예가 많다.
  ② 시장·군수는 신고한 거래계약서를 보고 정확하지 않다고 판단하면 신고한 사항의 사실 여부를 확인하기 위하여 거래당사자나 중개업자에게 계약서, 거래대금 지급을 증명할 수 있는 서면 등 관련 자료를 요구할 수 있고, 거래대금 지급증명 자료를 제출하지 않으면 2천만 원 이하의 과태료를 부과하며, 거래대금 지급증명 자료 외의 자료를 제출하지 않거나 거짓으로 자료를 제출한 자에게는 5백만 원 이하의 과태료를 부과한다.
  ③ 부동산 거래의 신고를 거짓으로 한 자에게는 해당 토지 또는 건축물에 대한 취득세(취득세가 비과세·면제·감경되는 경우에는 비과세·면제·감경되지 아니하는 경우에 납부해야 할 취득세의 상당액을 말함)의 3배에 상당하는 금액의 과태료를 부과한다 (공인중개사의 업무 및 부동산 거래 신고에 관한 법률).

(2) 다운계약서의 목적

① 다운계약서 작성의 목적은 부동산을 파는 사람과 부동산을 사는 사람 입장에서 생각해볼 수 있다.

② 부동산을 파는 사람은 양도소득세를 탈루하기 위해 다운계약서를 작성한다. 기본적으로 양도소득세는 양도가액에서 취득가액을 차감한 양도차익에 대해서 과세가 되는 세금 이므로 고위직, 부유층뿐만 아니라 부동산을 사고파는 모든 사람들이 탈세의 유혹을 느끼게 된다.

③ 부동산을 사는 사람은 취득세를 탈루하기 위해 다운계약서의 유혹을 느낀다. 부동산을 팔고자 하는 사람이 자신의 양도소득세를 줄이기 위해 시세보다 조금 싸게 팔 테니 다운계약서를 써달라고 먼저 요구하는 경우가 많다. 하지만 모든 거래는 쌍방에게 이득이 되어야 성사되기 마련. 부동산을 매입하는 사람은 다운계약서를 작성하는 경우 취득세를 적게 낼 수 있다.

3) 다운계약서 작성 시 불이익

부동산 거래 신고의무 위반 시 불이익무신고, 허위 신고, 지연신고 등으로 신고의무를 위반한 매도인·매수인 및 중개업자는 취득세 1.5배(주택거래 신고지역 내 주택은 2.5배) 이하의 과태료를 물어야 하고 거래 당사자가 중개업자로 하여금 부동산 거래 신고를 하지 아니하게 하거나 거짓된 내용을 신고토록 요구한 경우 과태료 처분을 받게 된다. 중개업자가 거짓 기재 또는 이중 계약서를 작성한 경우 중개업 등록취소 또는 6개월 이내 자격정지 처분을 받게 된다.

4) 다운계약서 작성 시 가산세 부과

다운계약서를 작성하고 양도소득세를 신고한 뒤에 적발된 경우 얼마의 세금을 추가로 부담하게 되는지 아래의 사례를 통하여 살펴보자.

[사례] 서울에 있는 아파트를 매도할 때 다운계약서를 작성하여 양도소득세를 신고하였으나 2년 뒤에 허위 신고한 것이 확인되어 양도소득세를 추징당하였을 때 가산세를 계산해 본다.

매도자의 아파트 정보(보유기간 : 1년 6월)

매도인(갑)의 취득가액	4억
매도 시 실제거래금액	8억
다운계약서상 거래금액	7억
아파트 면적	100m²

(1) 부동산을 파는 사람의 양도소득세

	구분	다운계약서	실제
	양도가액	700,000,000	800,000,000
(−)	취득가액	400,000,000	400,000,000
=	양도소득 금액	300,000,000	400,000,000
(−)	양도소득 기본공제	2,500,000	2,500,000
=	과세표준	297,500,000	397,500,000
(×)	세율	38%	38%
=	양도소득세	93,650,000	131,650,000

* 편의상 필요경비는 없는 것으로 가정
매도인(갑)은 실제거래금액보다 1억 원 적게 다운계약서를 작성하여 양도소득세 38,000,000원을 탈루하게 된다.

(2) 국세청에서 2년 뒤에 실제거래금액으로 과세하는 경우 가산세

추가 납부해야 하는 세금

양도소득세	38,000,000
매도 시 실제거래금액	800,000,000
(1) 신고불성실 가산세	12,794,968
(2) 납부불성실 가산세	8,305,575
납부할 양도소득세	59,025,543

① 신고불성실 가산세 = 산출세액 × (과소신고 소득금액 / 양도소득금액) × 40%
  = 131,650,000×(100,000,000 / 400,000,000)×40% = 13,165,000
② 납부불성실 가산세 = 미달납부세액 × 미달납부일수 × 3/10,000
  = 38,000,000 × (365일 × 2) × 3/10,000 = 8,322,000
매도인은 다운계약서를 작성해서 1억 원을 낮추어 양도소득세를 38,000,000원을 탈루하고 적발당할 경우 59,487,000원을 다시 내야 한다.

■ 양도소득세 가산세(양도자)

- 신고불성실 가산세 : 과소신고세액의 10% 또는 40%

  단순 과소신고 : 과소신고세액의 10%

  부당한 방법으로 과소신고 : 과소신고세액의 40%

- 납부불성실 가산세 : 미달납부한 세액 × 미납기간 × (3/10,000)

국세청이 발견하지 못하더라도 매수인이 매수 부동산을 양도하는 경우 양도소득세 신고할 때 양도소득세가 많이 나오면 취득금액을 다운계약서 금액이 아닌 실제 취득한 금액으로 신고하는 경우가 있다. 이러한 경우 국세청에서는 당초 신고분을 추징하게 된다.

(3) 부동산을 사는 사람의 취득세

사례의 매수인(을)이 이번에 아파트를 구입함으로써 1주택자가 되는 경우 취득세율은 9억 원 이하 면적은 85m²를 초과하는 주택이므로 2.4%를 적용받는다. 매수인 을이 다운계약서를 작성하는 경우에 탈루하는 취득세는 240만 원이다.

구분	다운계약서	실제
취득가액	700,000,000	800,000,000
세율	2.4%	2.4%
취득세	16,800,000	19,200,000

취득세 탈루 사실이 밝혀지면 취득세 1.5배(주택거래 신고지역 내 주택은 2.5배) 이하의 과태료를 물어야 한다.

5) 다운계약서에 의한 양도소득세의 제척기간은 양도소득세 신고일로부터 10년까지 과세할 수 있다.

현행 국세기본법상 일반적인 경우 5년의 부과제척기간을 적용하고 있으나 납세자가 법정 신고기한 내에 과세표준신고서를 제출하지 않은 경우에는 7년, 납세자가 사기, 기타 부정한 행위로 국세를 포탈하거나 환급·공제받는 경우에는 10년의 부과제척기간을 적용한다. 다운계약서는 사기, 기타 부정한 행위로 국세를 포탈한 경우로 판단해 10년의 부과제척기간이 적용된다.

3. 2018년 양도소득세율

구분	과세표준액(원)	세율	
2년 이상 보유자 기본세율	1,200만 이하	과세표준의 6%	
	1,200만 초과~4,600만 이하	72만 원 + (1,200만 원 초과 금액의 15%)	
	4,600만 초과~8,800만 이하	582만 원 + (4,600만 원 초과 금액의 24%)	
	8,800만 초과~1.5억 이하	1,590만 원 + (8,800만 원 초과 금액의 35%)	
	1.5억 초과~3억 이하	3,760만 원 + (1억5천만 원 초과금액의 38%)	
	3억 초과~5억 이하	9,460만 원 + (3억 원을 초과금액의 40%)	
	5억 원 초과	1억 7,460만 원 + (5억 원을 초과금액의 42%)	
단기보유 주택자	1년 미만 주택·조합원 입주권	40%	투기지역 내는 10% 추가과세 항구적 적용 [3주택 이상]
	2년 미만 주택·조합원 입주권	6~40%	
다주택자	고율의 양도세 부과제도 폐지	6~40%	
1주택자 (비과세 요건)	1주택자 보유기간 : 2년 이상 기존주택 처분기간 : 3년 이내	대체 취득 ⇒ 기존주택 취득한 지 1년 후 취득한 경우에만 처분기간 3년을 인정	

구분	양도소득 과세표준(원)	세율
비사업용 토지	1,200만 이하	16 %
	1,200만 초과~4,600만 이하	192만 원 + (1,200만 원 초과액 × 25%)
	4,600만 초과~8,800만 이하	1,042만 원 + (4,600만 원 초과액 × 34%)
	8,800만 초과~1억 5천만 이하	2,470만 원 + (8,800만 원 초과액 × 45%)
	1억 5천만 초과~3억 이하	5,260만 원 + (1억 5천만 원 초과액 × 48%)
	3억 초과~5억 이하	1억 2,460만 원 + (3억 원 초과액 × 50%)
	5억 원 초과	2억 2,460만 원 + (5억 원 초과액 × 52%)
중과대상	일반 부동산 중 미등기 양도 = 70% 1년 미만 = 50%, 2년 미만 = 40%	장기보유 특별공제 배제

* 비사업용 토지 : 2015년부터는 기본세율 + 10%P 적용하되 보유기간이 2년 미만인 경우는 중과세 대상인 40% 또는 50%의 세율 중 높은 세율을 적용한다. [소득세법 제104조 제4항 후단 신설]

장기보유 특별공제

보유기간	1세대 1주택	다주택 / 건물·토지	비고
3년 이상~4년 미만	24%	10%	
4년 이상~5년 미만	32%	12%	
5년 이상~6년 미만	40%	15%	조합원 입주권을 양도하는 경우엔 관리처분계획인가 전의 양도차익에 대하여 장기보유 특별공제를 적용 [2013. 01. 01 개정]
6년 이상~7년 미만	48%	18%	
7년 이상~8년 미만	56%	21%	
8년 이상~9년 미만	64%	24%	
9년 이상~10년 미만	72%	27%	
10년 이상	80%	30%	

4. 업계약서

업계약서는 다운계약서와 반대로 실제거래금액보다 큰 금액으로 부동산을 사고파는 것으로 작성한 계약서를 말한다.

부동산 매도인은 업계약서를 작성함으로써 얻을 수 있는 경제적 이익은 크게 없다. 부동산 매도인은 실제 금액보다 더 큰 금액으로 양도가액이 신고되므로 일반적으로 매수인에게 양도소득세 보전을 요구한다.

부동산 매수인의 업계약서 작성 목적은 크게 두 가지이다.

첫째, 향후 해당 부동산을 양도할 경우 취득가액이 올라가게 됨에 따라 양도소득세를 탈세할 수 있다.

둘째, 금융기관에서 대출을 받는다면 대출 한도가 부동산의 시세에 따라 결정되므로 대출금을 실제 취득한 금액보다 더 많이 받을 수 있다.

5. 허위 계약서에 대한 결론

허위 계약서를 작성하면,

　(1) 비과세·감면 규정 적용이 배제되어 양도소득세 부과

　(2) 가산세 부과

　(3) 과태료 부과

그러므로 다운계약서나 업계약서를 통해서 양도소득세, 취득세를 적게 내는 것은 명백한 탈세이므로 정상적인 범위에서 절세할 수 있는 방안을 찾아야 할 것이다.

6. 양도소득세 비과세

1) 농지의 비과세

교환 또는 분합하는 경우로서 교환 또는 분합하는 쌍방 토지가액의 차액이 가액이 큰 편의 4분의 1 이하인 경우

　경작상 필요에 의하여 교환하는 농지, 다만 교환에 의하여 새로이 취득하는 농지를 3년 이상 농지소재지에 거주하면서 경작하는 경우에 한한다.

　'농지소재지'라 함은 다음 각 호의 어느 하나에 해당하는 지역을 말한다.

　1호 : 농지가 소재하는 시·군·구(자치구인 구를 말한다. 이하 이 항에서 같다)안의 지역

　2호 : 제1호의 지역과 연접한 시·군·구 안의 지역

　3호 : 농지로부터 직선거리 20킬로미터 이내에 있는 지역

2) 1세대 1주택 비과세

'대통령령으로 정하는 1세대 1주택'이란 거주자 및 그 배우자가 그들과 동일한 주소 또는 거소에서 생계를 같이하는 가족과 함께 구성하는 1세대가 양도일 현재 국내에 1주택을 보유하고 있는 경우로서 해당 주택의 보유기간이 2년 이상인 것을 말한다.

즉 본인과 배우자의 주택은 합산한다.

3) 1년 이상 거주한 주택을 취학, 근무상의 형편, 질병의 요양, 그 밖의 부득이한 사유로 양도하는 경우

- 배우자가 없는 때에도 1세대로 보는 경우
  (1) 당해 거주자의 연령이 30세 이상인 경우
  (2) 배우자가 사망하거나 이혼한 경우
    하나의 건물이 주택과 주택 외의 부분으로 복합되어 있는 경우와 주택에 딸린 토지에 주택 외의 건물이 있는 경우에는 그 전부를 주택으로 본다. 다만, 주택의 연면적이 주택 외의 부분의 연면적보다 적거나 같을 때에는 주택 외의 부분은 주택으로 보지 아니한다.
  (3) 주택에 딸린 토지는 전체 토지면적에 주택의 연면적이 건물의 연면적에서 차지하는 비율을 곱하여 계산한다.
    - 도시지역 내의 토지 : 5배
    - 그 밖의 토지 : 10배

4) 귀농주택

영농 또는 영어의 목적으로 취득한 귀농주택을 취득한 날로부터 5년 이내에 일반주택을 양도하는 경우에는 1세대 1주택으로 비과세이다.

(1) 1,000m^2 이상의 농지를 소유하는 자가 해당 농지소재지에 있는 주택을 취득하는 것일 것
(2) 1,000m^2 이상의 농지를 소유하기 전 1년 이내에 해당 농지소재지에 있는 주택을 취득하는 것일 것
(3) 고가주택에 해당하지 아니할 것
(4) 대지 면적이 660m^2 이내일 것

7. 취득 시기와 양도 시기

유형		내용
유상 취득·양도	원칙	대금을 청산한 날
	예외	• 대금 청산일이 분명하지 않은 경우 : 등기접수일 • 대금 청산 전에 이전등기를 한 경우 : 등기접수일
상속, 증여 취득		• 상속 : 상속이 개시된 날 • 증여 : 증여받은 날

8. 양도소득세 필요경비

부동산을 취득할 때부터 매매할 때까지 발생하는 비용 중 소득세법에서 인정하는 비용들을 말한다.

양도소득세는 양도차익이 클수록 세금이 많아지고 필요경비 금액이 커질수록 세금은 줄어들게 된다.

1) 소득세법 규정

(1) 취득가액

(2) 자본적지출액 등으로서 대통령령으로 정하는 것

'자본적 지출액'은 자산의 가치를 현실적으로 증가 시키기 위해 투입된 비용을 말한다.

(3) 양도비 등으로서 대통령령으로 정하는 것

'대통령령으로 정하는 것'이라는 말은 포괄적인 개념이 아닌 법에서 열거된 것만 필요경비로 인정한다는 의미이다.

2) 유치권소멸비용

'양도비 등'에는 소유권 이전 관련 각종 소송비용, 신고대리 수수료 등이 있고, 그중에서도 유치권소멸비용은 주의해야 한다.

경매로 취득한 물건에 유치권이 있으면 해당 비용을 유치권자에게 지급을 하고 취득해야 하는데, 이때에는 반드시 소송 판결에 의하여 지급해야만 나중에 필요경비로 인정받을 수 있다.

만일 소송이 아닌 당사자 간의 합의에 의하여 임의로 지급하는 경우에는 실제로 대금을 지급했어도 필요경비로 인정되지 않는다.

3) 양도세 필요경비 증빙서류

법에서 정하는 정규 증빙서류는 세금계산서, 계산서, 신용카드 전표, 현금영수증 등을 말하는데 예외적으로 인정하는 증빙서류들도 있다. 사업자가 아닌 개인 또는 부동산을 임대하다가 양도하는 사람에게는 객관적으로 입증되는 지출은 일반 영수증만 있어도 증빙서류로 인정해주는 규정이 있다.

흔히 공사비에 대한 증빙이 정규 증빙이 아닌 경우가 많은데, 반드시 공사업자로부터 계약서, 견적서 등을 받으면 공사대금 지급일과 금액을 명확히 한 다음 통장에 이체를 해주는 방식으로 증빙서류를 객관화시킬 필요가 있다.

공사비뿐만 아니라 자본적 지출에 해당하는 비품 등의 구입 시에도 거래상대방이 사업자가 아니더라도 반드시 일반 영수증에 판매자의 성명, 주민등록번호, 주소를 기재하고 통장 거래를 하면 인정을 받을 수 있다.

여기서 주의할 점은 대금을 지급하는 시점 당시에 증빙서류를 챙겨야 한다는 것이다.

4) 필요경비 인정 항목과 불인정 요약표

> 양도차익 = 실지양도가액 − 실지취득가액 − 기타 필요경비

(1) 양도소득세 필요경비 인정

(소득세법 97조 소득세법 시행령 163조 시행규칙 제79조)

① 취득가액

② 자본적 지출액

③ 양도비 : 자산을 양도하기 위하여 직접 지출한 비용

- 취득세·등록면허세
- 법무사 수수료
- 중개수수료

- 공증비용, 인지대
- 양도자산의 용도변경·개량 또는 이용편의를 위하여 지출한 비용
- 엘리베이터 또는 냉난방 장치의 설치
- 빌딩 등의 피난시설 등의 설치
- 본래의 용도를 변경하기 위한 개조
- 새시 설치 및 발코니·방 확장공사 비용
- 재개발부담금, 재건축 부담금
- 상하수도 배관공사
- 난방시설 교체비용(보일러 등)
- 양도자산을 취득한 뒤 쟁송이 있는 경우에 그 소유권을 확보하기 위하여 직접 소요된 소송비용·화해비용 등의 금액(판결문 첨부 시)
- 장기 할부 조건 연부이자
- 매수대금에 불포함된 대항력 있는 전세보증금
- 묘지이장비
- 부동산 매각 광고료
- 대신 지급한 매수인 등기비
- 취득 시 부담한 부가가치세
- 양수인 부담한 양도자의 연체료
- 학교용지 확보 부담금 및 기반시설 부담금
- 이축권 취득비용
- 불법건축물 철거비용
- 토지이용의 편의를 위하여 지출한 장애 철거비용

- 당해 토지에 도로를 신설한 경우의 그 시설비
- 국민주택채권 또는 토지개발채권 등을 만기 전에 증권회사 또는 은행에 양도함으로써 발생하는 매각차손

(2) 양도소득세 필요경비 불인정
- 양도한 당해 부동산의 소유권 확보 이외의 소송비용은 양도소득의 필요경비에 포함되지 않음
- 고가 샹들리에 등 구입비용
- 도배, 장판, 벽지 등 교체비용
- 싱크대, 주방가구 구입비
- 정화조 교체비
- 페인트 및 방수 공사비
- 타일 및 위생기구 공사비
- 외벽 도색비용
- 보일러 수리비용
- 금융기관 대출금 지급이자
- 경매 취득 시 점유자 명도비용, 이사비용
- 택지초과소유 부담금
- 은행대출 시 감정평가비, 해지비
- 장기 할부 조건 연체이자
- 경매낙찰금 지연에 따른 이자
- 매매계약 해약으로 인한 위약금
- 경품 아파트 원천징수 소득세
- 세입자에게 지출한 철거비용

- 토지 취득 시 학교법인 기부금
- 아파트 중도금 선납 시 할인비용
- 취득세의 납부지연 가산세, 연체료
- 주택청약예금의 이자 상당액
- 수목 재배비용
- 오피스텔 비품 구입비
- 토지의 하자를 이유로 지급한 비용
- 매수대금에 불포함된 대항력 없는 전세보증금
- 파손된 유리 기와의 대체
- 재해를 입은 자산의 외장 복구, 도장, 유리의 삽입
- 낙찰대금에 불포함된 대항력 없는 전세보증금

9. 양도차손의 통산

양도소득금액을 계산할 때 양도차손이 발생한 자산이 있는 경우에는 해당 자산 외의 다른 자산에서 발생한 양도소득금액에서 그 양도차손을 공제한다.

> 양도차손이란 양도가액-취득가액-필요경비=마이너스(-)인 경우

양도소득이 발생하면 좋겠지만 양도손실이 발생할 수도 있다. 이런 경우에는 그해를 넘기지 않고 양도소득이 발생하는 부동산을 매도하는 것이 조금이라도 세금을 줄일 수 있는 방법이다.

1) 양도차손의 공제 순서

(1) 1차 통산

양도차손이 발생한 자산과 같은 세율을 적용받는 자산의 양도소득금액

(2) 2차 통산

양도차손이 발생한 자산과 다른 세율을 적용받는 자산의 양도소득금액

이 경우 다른 세율을 적용받는 자산의 양도소득금액이 2 이상인 경우에는 각 세율별 양도소득금액의 합계액에서 해당 양도소득금액이 차지하는 비율로 안분하여 공제한다.

2) 양도차손의 이월공제의 배제

양도소득의 경우에는 결손금의 이월공제가 허용되지 아니한다.

양도차손이 발생한 연도에 다른 자산의 양도소득금액과 통산할 수 있을 뿐이며, 통산의 결과가 양도차손인 경우에는 그대로 소멸되며 다음 과세기간으로 이월되지 아니한다.

10. 1세대 1주택에 해당하는 고가주택의 양도차익

1세대 1주택 비과세요건을 충족하였음에도 불구하고 비과세대상에서 제외되는 고가주택(그 부수토지 포함)의 경우에는 실지거래가액 합계액 9억 원 초과액에 대하여 양도소득세를 과세함으로 이 경우 양도차익은 다음과 같이 계산한다.

> 고가주택의 양도차익 = 전체 양도차익 × (양도가액 − 9억 원) ÷ 양도가액

11. 부담부증여

증여에 있어 증여자의 채무를 수증자가 인수하는 경우에 증여가액 중 채무액에 상당하는 부분은 그 자산이 유상으로 사실상 이전되는 것으로 보아 양도소득세의 과세대상이 된다.

> 양도(취득)가액 = 전체 양도(취득) 당시 자산가액 × 채무인수액 ÷ 증여가액

12. 부동산 보유세

재산세 과세기준일 현재 재산을 사실상 소유하고 있는 자는 재산세를 납부할 의무가 있다.

 재산세의 과세기준일은 매년 6월 1일로 한다.

■ 납기

재산세의 납기는 다음 각 호와 같다.

1) 토지 : 매년 9월 16일부터 9월 30일까지
2) 건축물 : 매년 7월 16일부터 7월 31일까지
3) 주택 : 해당 연도에 부과·징수할 세액의 2분의 1은 매년 7월 16일부터 7월 31일까지, 나머지 2분의 1은 9월 16일부터 9월 30일까지. 다만, 해당 연도에 부과할 세액이 10만 원 이하인 경우에는 조례로 정하는 바에 따라 납기를 7월 16일부터 7월 31일까지로 하여 한꺼번에 부과·징수할 수 있다.

■ 과세기준일

종합부동산세의 과세기준일은 〈지방세법〉 제114조에 따른 재산세의 과세기준일로 종합부동산세의 납세 의무자가 개인 또는 법인으로 보지 아니하는 단체인 경우에는 소득세법 제6조의 규정을 준용하여 납세지를 정한다.

종합부동산세 과세대상 부동산
(전국 합산한 공시가격이 아래의 공제금액을 초과하는 경우에만 과세)

과세대상 유형 및 과세단위의 구분	공제금액
주택	6억 원(1세대 1주택자 9억 원)
종합합산 토지(나대지, 잡종지 등)	5억 원
별도합산 토지(일반 건축물의 부속토지 등)	80억 원

chapter 14
부동산 매매업과 임대업

section 1

부동산 매매업

1) 부동산 매매업이 유리한 부분

(1) 비사업용 주택에 대해서는 양도소득세 비과세를 받을 수 있다.

사업용 주택은 사업소득세, 비사업용 주택은 양도소득세로 과세. 거주용 주택 1채, 사업용 주택 2채를 보유한다면 거주용 주택을 양도할 때 2년간 보유하였다면 비과세, 아니면 양도소득세가 과세된다.

(2) 주택을 단기 보유한 상태에서 매매를 하더라도 6~42%의 세율을 적용받을 수 있다. 양도소득세로 과세되는 경우 보유기간이 1년 미만이면 40%의 세율이 적용되나 사업자의 경우에는 보유기간에 관계없이 6~42%가 적용된다.

(3) 비용 처리와 절세가 가능하다.

- 대출이자와 설정비용 등을 공제받을 수 있다.
- 사업과 관련된 종업원 인건비 등을 공제할 수 있다.
- 교통비, 차량비 등도 공제할 수 있다.
- 사업에서 발생한 결손금이 있는 경우 매매사업소득과 통산할 수 있다.
- 매매사업자의 거주주택을 양도하고자 하는 경우 비과세를 받을 수 있다.

2) 부동산 매매업이 불리한 부분
(1) 부동산 매매업은 종합소득세 신고의무, 보험료 납부의무
(2) 세금 문제가 복잡

세금 신고

구분	내용	신고
원천징수	직원 등에 대한 원천징수세액 신고 납부	매월
4대 보험료	직원 등에 대한 4대 보험 신고 납부	매월
부가가치세	$85m^2$ 초과 주택 및 상가건물 등을 매매하는 경우의 건물공급가액의 10%를 납부	반기
면세사업자 수입신고	개인사업자의 면세 수입금액과 경비 등 신고	다음 해 1월
종합소득세	개인사업자의 매매이익에 대해 소득세 납부(세액계산 특례제도에 의해 정산)	예정신고 다음다음 달 말일 확정신고 다음 해 5월

* 부동산 매매업자가 주거용 주택과 매매용 주택(재고자산)이 있는 경우
　주거용 주택 양도 시 과세 방법
　재고자산인 매매용 주택을 판매할 때에는 양도 당시 보유하고 있는 주거용 주택도 주택수에 포함하여 다주택자 여부를 판단. 그러나 주거용 주택을 양도하여 1세대 1주택 비과세 여부를 판정할 때에는 주택수의 계산에 있어서 양도 당시 보유하고 있는 매매용 주택은 주택수에 포함하지 아니한다.

3) 부동산 매매업자 의무

(1) 부가가치세 신고와 납부

- 사업자등록 : 일반 과세자 또는 부가가치세 면세사업자
- 면세사업자 : 부가가치세가 면세되는 토지와 전용면적 $85m^2$(수도권 기준) 이하의 주택을 매매하는 사업자, 매매금액만 신고하면 됨.
- 상가 등 일반 건축물을 매매할 때는 거래 상대방이 사업자가 아닌 경우에도 세금계산서를 교부해야 한다.
- 직전 과세기간의 부가가치세 납부세액이 없는 부동산 매매업자는 매 3개월마다 부가가치세 예정신고 또는 확정신고를 해야 한다.

(2) 면세사업자 사업장 현황신고

- 부동산 면세사업자 : 토지와 수도권에 소재하는 전용면적 $85m^2$ 이하 주택 및 수도권외 지역 중 도시지역이 아닌 읍, 면 지역에 소재하는 전용면적 $100m^2$ 이하의 주택을 매매하는 사업자
- 매년 2월 10일까지 사업장 현황신고서에 의거 신고

(3) 토지 등 매매차익 예정신고 납부

- 토지 또는 건물을 매매하면 그 매매일이 속하는 달의 말일로부터 2월이 되는 날까지 '토지 등 매매차익 예정신고 자진납부 계산서'에 의해 그 매매차익과 세액을 신고, 납부해야 한다.
- 종합소득세 예정신고로서, 종합소득세로 납부하는 것이면서도 세율은 양도소득세율을 적용하는 구조.

(4) 종합소득세의 확정신고 납부

(5) 종합소득세 중간예납
- 당해년도 사업실적이 없거나 중간예납기간(1월~6월)의 실적에 대한 소득세 추계액이 중간예납기간의 30/100에 미달하는 사업자는 11. 1~11. 30 기간에 소득세 중간예납추계액 신고서를 제출해야 한다.
- 부동산 매매업자가 부동산을 매매하고 토지 등 매매차익 예정신고 납부를 한 경우에도 반드시 다음 해 5월 말일까지 종합소득세 확정신고를 해야 한다.

section 2

부동산 임대업

1) 부동산 임대소득이란

부동산 임대소득이란 개인이 주택, 건물, 토지, 공장 등 부동산을 빌려주고 발생하는 소득을 말한다. 모든 부동산 임대소득에 과세되는 것은 아니다.

2) 부동산 임대소득세 대상

원칙적으로 1채 이하 주택의 임대소득과 전답을 작물 재배에 이용하도록 빌려준 경우에는 과세대상이 아니다.

단, 1채 이하의 주택이라도 고가주택인 경우와 2채 이상을 소유하고 1채라도 임대하는 경우 원칙적으로 과세대상이 된다.

직장 가입자라면 4대 보험에는 영향을 미치지 않는다. 그리고 주택임대사업자 등록은 의무는 아니며, 월세로 임대를 할 경우 임대사업자 등록과 무관하게 임대소득세 대상이 된다.

주택임대소득 과세

구분		과세여부와 과세방식
1주택인 경우	기준시가 9억 원 이하	• 2,000만 원 이하시 : 과세제외 • 2,000만 원 초과시 : 과세제외
	기준시가 9억 원 초과	• 2,000만 원 이하시 : 종합과세 • 2,000만 원 이하시 : 종합과세
2주택 이상인 경우	기준시가 불문	• 2,000만 원 이하시 : 비과세(분리과세) • 2,000만 원 초과시 : 종합과세

3) 임대사업자의 세제 혜택은?

(1) 취득세 감면(지방세특례제한법 제31조 제1항)

건축주로부터 최초로 분양받는 공동주택에 대하여 2018년 12월 31일까지 취득세를 감면(주택 취득 후 30일 이내에 임대사업자 등록을 해야 감면 가능).

① 전용면적 60m² 이하 취득세와 등록세를 면제

② 전용면적 60m² 초과 85m² 이하인 임대주택(장기임대주택)을 20호 이상 취득하거나, 20호 이상의 장기임대주택을 보유한 임대사업자가 추가로 장기임대주택을 취득하는 경우 취득세의 50% 감면

(2) 재산세 감면(지방세특례제한법 제31조 제3항)

2세대 이상의 임대용 공동주택을 건축·매입하여 임대할 경우에는 다음 각 호에서 정하는 바에 따라 2018년 12월 31일까지 재산세를 감면

① 전용면적 40m² 이하 100% 면제(지자체, 국가의 지원을 받아 건설하는 건설공공 임대주택)

② 전용면적 60m² 이하 50% 감면

③ 전용면적 85m² 이하 25% 감면

(3) 종합부동산세 합산배제(비과세)(종부세법 시행령 제3조 제1항 제2호)

장기임대주택은 종합부동산세 과세대상에서 제외된다. 해당 주택의 임대개시일 또는 최초로 합산배제 신고를 한 연도의 과세기준일(6월 1일)의 공시가격이 6억 원 이하(수도권 외 3억 원)이하여야 하며, 5년 이상 계속하여 임대하는 주택이어야 한다.

(4) 임대주택 5년 임대 후 양도소득세 일반 과세 6~42%(장기보유특별공제 적용)

(5) 임대주택 외 거주용 자가주택을 1채만 보유할 때(2년 거주 요건 충족 시) 해당 거주주택은 1세대 1주택으로 양도소득세 비과세 (소득세법 시행령 제155조 제19항)

■ 거주주택의 양도소득세 비과세 요건

① 주소지 세무서에 사업자등록 + 주소지 시·군·구청에 임대사

업자 등록

② 임대개시일 당시 기준시가 6억 원 이하(수도권 외의 지역은 3억 원 이하)

③ 5년 이상 계속하여 임대하는 경우에 해당

④ 거주주택의 양도일 현재 임대주택을 임대하고 있을 것

⑤ 거주주택에서 전 세대원이 함께 거주하는 기간이 2년 이상 이어야 함(사업자등록 이전 거주한 기간도 인정)

(6) 임대기간 충족 전에 거주주택을 양도하여도 거주주택에 대해 비과세를 적용받을 수 있으나 임대의무기간을 채추지 못하는 경우 먼저 비과세받은 양도소득세와 그에 따른 가산세를 추징당하게 된다.

거주주택이 2주택 이상인 경우에는 직전 거주주택의 양도일 이후의 기간에 대해서만 국내에 1개의 주택을 소유하고 있는 것으로 보아 1세대 1주택 비과세 규정을 적용한다.

> 보유 중인 주택 가운데 어느 한 주택의 양도차익이 매우 큰 경우, 양도차익이 작은 다른 주택들을 장기임대주택으로 등록한 뒤 양도차익이 큰 주택을 양도하여 양도소득세를 비과세받는 전략을 활용해야 한다.

(7) 양도소득세 장기보유 특별공제율 추가공제 혜택

장기임대주택을 6년 이상 임대한 뒤 양도하는 경우 그 주택을 양도함으로써 발생되는 소득에 대해서는 장기보유 특별공제액을 계산할 때 해당 주택의 임대기간에 따라 추가공제율을 더한 공제율을 적용받을 수 있게 된다.

- 주택임대사업 등록 시 단점은?
- 주택임대사업자 등록을 하면 임대 의무기간 5년이 부여됨.
- 5년 이내에는 임대 외 다른 용도로 사용 불가, 매각 불가.

임대 기간	기본공제율	추가공제율	적용공제율
6년 이상~7년 미만	18%	2%	20%
7년 이상~8년 미만	21%	4%	25%
8년 이상~9년 미만	24%	6%	30%
9년 이상~10년 미만	27%	8%	35%
10년 이상	30%	10%	40%

※ 임대 의무기간 내에 임대주택을 매각하는 자는 2년 이하의 징역이나 2천만 원 이하의 벌금에 처한다.

4) 임대사업자 등록 절차

(1) 임대주택 등기부등본(매매계약서)과 신분증 도장을 지참하고 주소지 관할 시·군·구청 주택과를 방문해 주택임대사업자 등록을 신청(처리기한 5일, 취득세 감면대상 주택은 감면 신청)

(2) 임대사업자등록증이 나오면 주소지 세무서에서 사업자등록 신청

(3) 임대주택 물건지 시·군·구청에 재산세 감면 신청(임대사업자등록증 사본 제시)

(4) 임차인 입주 10일 전까지 시·군·구청에 임대조건 신고

- 임대사업자 등록은 매매계약서만 있어도 가능하다.
- 임대사업자 등록 후 임대를 하면 된다

5) 사례

(1) 1세대 1주택자가 새로운 주택을 취득하여 임대사업자로 등록하면 기존주택 양도 시 임대주택은 없는 것으로 보고 1세대 1주택 비과세 여부를 판단한다.

그러나 1세대 2주택자가 새로운 주택을 취득하여 1세대 3주택상태에서 1주택을 임대사업자로 등록하여도 기존주택이 1세대 2주택이기 때문에 1세대 1주택 비과세 규정이 적용되지 않는다.

1세대 1주택에서 새로 취득하는 주택을 임대사업자 등록을 하면 기존 거주주택은 양도 시 1세대 1주택 비과세 적용을 받으나, 기존 2주택을 보유하던 중 새로 1주택을 취득하여 임대사업자 등록을 하여도 기존 2주택은 양도소득세 특례 적용이 안 된다. 부인 명의의 주택도 어차피 소득세를 내야 하기 때문에 배우자주택과 새로 취득하는 주택을 임대사업 등록을 하면 거주주택은 양도소득세가 비과세될 수 있다.

(2) 1세대 2주택에서 1주택을 임대하는 경우에는 임대수입에 대해 사업소득세가 과세된다.

6) 일반 상가의 임대소득자는 사업자등록을 해야 한다.

일반 상가의 임대소득자는 부가가치세를 납부해야 하므로 사업자등록을 해야 한다.

이때 낙찰을 누가 받느냐에 따라 세금 차이가 많이 나므로 비교해서 세금이 적은 쪽으로 낙찰을 고려해야 한다. 즉 임대소득자가 누구냐에 따라 세금이 많이 달라진다.

상가 임대사업자는 사업자등록을 해야 하며, 부가가치세, 소득세를 납부해야 할 의무가 있다.

 국세에 따라 지방세, 4대 보험료 등을 납부해야 하므로 절세를 위해 부부간의 공동 명의 등도 고려해야 한다.

■ 주거용 오피스텔의 경우 임대주택으로 등록할 수 있음

일정 요건을 갖춘 오피스텔(준주택)도 장기임대주택에 포함된다. 일정 요건을 갖춘 오피스텔이란 다음 각 호의 요건을 모두 갖춘 오피스텔(민간 임대주택에 관한 특별법 제2조 제1호 및 동법 시행령 제2조)을 말한다.

 ① 전용면적이 85m² 이하일 것
 ② 상·하수도 시설이 갖추어진 전용 입식 부엌, 전용 수세식 화장실 및 목욕시설을 갖출 것

주택임대사업자 등록 절차

구분	행정 신고	필요 서류	신고기한
주택임대사업자 등록	주소지 시군구청 주택과 (민원24시 가능)	기존건물 : 신분증, 건물등기부등본 신규건물 : 취득가능 서류, 신분증	취득일 (잔금지급일부터 60일)
사업자신고	주소지 세무서 민원실 (홈택스 가능)	면세사업자 등록신청서 임대사업자 등록증, 신분증	임대사업개시일부터 20일 이내
등록세 감면신정 (등기시 필요)	주택소재지 시군구청 세무과	취득세 감면신청서 임대사업자등록증	취득일로부터 60일
주택임대차계약 체결	중개업소 등	표준임대차계약서	임대시
임대조건 신고	주택소재지 시군구청 주택과 (민원24시 가능)	임대표준신고서 표준임대차계약서	임대차계약 체결 후 3개월 이내

chapter 15

기타

section 1

경매용어

1. 기본 용어
- 경매기일 : 매각기일
- 낙찰인 : 매수인
- 낙찰기일 : 매각결정기일
- 경매물건명세서 : 매각물건명세서
- 입찰기일 : 매각기일
- 신경매 : 새 매각
- 재경매 : 재매각

2. 가등기
(1) 본등기를 할 수 있는 법적 요건을 갖추지 못한 경우 장래에 행하

여질 본등기의 순위를 확보하기 위해 임시로 하는 등기

(2) 그 자체로는 완전한 등기로서의 효력이 없으나 뒤에 요건을 갖추어 본등기를 하게 되면 그 본등기의 순위는 가등기의 순위로 되므로, 결국 가등기를 한 때를 기준으로 하여 그 본등기의 순위가 확정된다는 본등기 순위보전의 효력

(3) 본등기 이전에 가등기가 불법하게 말소된 경우에 가등기 명의인은 그 회복을 청구할 수 있는 가등기 자체의 효력(청구권 보존의 효력)이 있다.

(4) 권리분석 시 담보권 가등기로서 배당요구하지 않은 선순위 가등기가 있는 물건은 입찰하지 않아야 한다.

3. 가압류

채권자가 채무자에게 받을 금액이 재판 등 판결을 통하여 확정되기 전에 채권의 일실을 막을 필요가 있는데 이런 때 하는 등기가 가압류 등기이다.

가압류에 의해 배당할 경우 채권배당으로 순위에 상관없이 금액에 의하여 안분배당한다.

4. 가처분

가처분등기의 예로는 처분금지 가처분, 점유이전금지 가처분 등이 있다. 가처분등기가 확인되면 권리분석 시 가처분의 대상이 무엇인지를 면밀히 파악한 후 이상 유무를 점검한 뒤 입찰에 응해야 한다.

처분금지 가처분은 경매 입찰 과정에서, 점유이전금지 가처분은 명도 과정에서 주의해야 한다.

5. 각하 / 기각

- 각하 : 경매를 신청한 경우 경매 신청요건을 갖추지 않으면 경매를 진행하지 않고 배척하는 경우를 말한다.
- 기각 : 경매를 신청한 경우 신청이 이유가 없다고 하여 신청을 배척하는 판결 또는 결정을 말한다.

6. 감정평가액

대부분의 경매사건에서 감정평가액은 그대로 최저매각가격으로 정해진다.

감정평가는 크게 경매진행을 위한 감정평가와 금융기관 대출을 위한 감정평가가 있으며, 정해진 규정은 없지만 일반적으로 경매를 위한 감정평가는 시가보다 높게, 대출을 위한 감정평가는 시가보다 낮은 경우가 많다.

감정평가서는 매각기일 1주일 전부터 매각물건명세서에 첨부하여 일반인의 열람이 가능하도록 비치하게 되어 있다.

7. 강제집행

채권자의 신청에 의하여 국가의 집행기관이 채권자를 위하여 채무명의에 표시된 사법상의 이행청구권을 국가 공권력에 기하여 강제적으로 실현하는 법적 절차이다.

인도명령이나 명도소송이 받아들여지는 법원의 판결문을 받으면 판결문에 법원에서 집행문을 부여받아 집행관 사무실에 신청한다.

8. 경매개시결정

경매신청은 경매신청인이 부동산 소유자에 대하여 가지는 부동산에 대한 환가권(換價權)에 의하여 그 부동산을 환가(換價)하기 위하여 경매법원에 대하여 경매 절차를 개시해달라는 소송행위의 일종이다.

경매신청의 요건이 구비되었다고 판단되면, 집행법원은 경매 절차를 개시한다는 결정을 한다. 이것이 경매개시결정이다. 이때 집행법원은, 직권 또는 이해관계인의 신청에 따라, 부동산에 대한 침해행위를 방지하기 위하여 필요한 조치를 할 수 있다. 이와 동시에 집행법원은 그 부동산의 압류를 명하고, 직권으로 그 사유를 등기부에 기입할 것을 등기관에게 촉탁한다. 경매개시결정이 채무자에게 송달된 때 또는 경매신청의 기입등기가 된 때에 압류의 효력이 발생하며, 이때부터는 그 부동산을 타에 양도하거나 담보권 또는 용익권을 설정하는 등의 처분행위를 할 수 없다.

채권자의 경매신청이 있으면 경매법원에서는 서류를 심사하여 경매개시결정을 내리게 되는데, 이때 그 법원에서 등기소에 경매개시결정의 등기를 촉탁하게 되고, 이것이 등기부 갑구에 기재되면 이를 경매기입등기 또는 경매신청등기라고 한다. 압류의 효력은 통상적으로 이 등기가 기입된 때부터 발생한다.

9. 경매입찰방해죄

2년 이하의 징역 또는 700만 원 이하의 벌금에 처한다(형법 315조). 이 죄의 보호법익(保護法益)은 경매 또는 입찰의 공정이고, 경매·입찰에서 자유로운 경쟁을 보장하려는 데 그 목적이 있다.

10. 공시송달

당사자의 주소, 또는 기타 송달해야 할 장소를 알 수 없거나 외국에서 촉탁송달의 방법에 의할 수 없기 때문에 소송서류를 송달할 수 없는 경우를 말한다. 법원사무관 등이 송달할 서류를 보관하고 당사자가 오면 언제든지 교부한다는 취지를 법원 게시판에 게시하여 행하는 송달 방법이다.

11. 교부청구

국세징수법상 국세, 지방세, 징수금 등 채무자가 강제집행 또는 파산선고를 받은 때(법인이 해산한 때) 강제매각 개시 절차에 의하여 채무자의 재산을 압류하지 아니하고도 강제매각 기관에 체납관계 세금의 배당을 요구하는 제도를 말하며, 교부청구를 하면 조세의 소멸시효가 중단된다.

12. 근저당권

일시적으로 피담보채권이 소멸하여도 저당권은 그대로 존속하도록 저당권의 부종성(附從性)을 완화할 필요에서 강구된 제도이다.

* **부종성(附從性)** : 법률적으로 어떤 권리의 성립, 존속, 소멸 따위가 주된 권리와 운명을 같이하는 성질. 그 권리가 주된 권리의 경제적 기능을 발휘하거나 경제적 목적을 달성하는 수단인 경우에 나타냄

13. 대금납부

매수인이 대금지급기한까지 대금납부의무를 이행하지 아니할 때에는 차순위매수신고인에 대한 매각허부결정을 하게 되며, 차순위매수신고

인에 대하여 매각허가결정이 내려진 때에는 종전 매수인은 매수보증금의 반환을 청구하지 못하고 보증금은 배당에 편입된다. 다만, 재매각기일의 3일 전까지 매각대금, 지연이자(대금지급기한일로부터 대금납부일까지 연 20% 비율에 의한 이자)와 재매각 절차의 비용을 납부한 때에는 재매각 절차를 취소하게 된다.

14. 대위변제

제3자 또는 공동채무자의 한 사람이 채무자를 위하여 변제하는 때에는 그 변제자는 채무자 또는 다른 공동채무자에 대하여 구상권을 취득하는 것이 보통이다. 이때 그 구상권의 범위 내에서 종래 채권자가 가지고 있었던 채권에 관한 권리가 법률상 당연히 변제자에게 이전하는 것을 가리켜 변제자의 대위 또는 대위변제라고 한다.

부동산 경매에서는 이해관계인이 채무자를 대신해서 자신보다 선순위 권리의 채무를 변제, 말소하고 자신이 선순위 권리자가 되는 것이다.

15. 매각허가결정에 대한 즉시항고

이해관계인이 매각허가 또는 불허가의 결정에 의하여 손해를 받은 경우에는 즉시항고할 수 있고, 또 매각허가의 이유가 없거나 허가결정에 기재한 이외의 조건으로 허가할 것임을 주장하는 매수인 또는 매각허가를 주장하는 매수인도 즉시 항고할 수 있다.

16. 물권과 채권

구분	물권	채권
대상	특정 물건	특정 사람
특성	절대적, 대세권, 배타성	상대권, 대인권
내용	물권법정주의	계약자유의 원칙
효력	우선적 효력, 물권적 청구권	채권자 평등, 채권적 청구권
집행절차상 권리 실현	담보권에 기한 경매	집행권원에 기한 강제경매
지배권리	권리남용 금지의 원칙	신의칙
법규 성격	강행규정성	임의규정성

- 물권의 성립시기에 따라 우선 여부가 결정된다.
- 채권자 평등이므로 우열이 없다. 안분배당.

■ 물권(物權)의 종류

• 용익물권 : 지상권, 지역권, 전세권

• 담보물권 : 유치권, 질권, 저당권

• 민법상 물권 : 용익물권, 담보물권(약정담보, 법정담보)

• 관습상 물권 : 분묘기지권, 법정지상권

• 특별법상 물권 : 소액임차인의 최우선변제권, 조세채권

17. 배당이의

배당기일에 출석한 채권자는 자기의 이해에 관계되는 범위 안에서 다른 채권자를 상대로 그의 채권 또는 채권의 순위에 대하여 이의를 제기할 수 있다. 이의를 제기한 채권자가 배당이의의 소를 제기하고 배

당기일로부터 1주일 내에 집행법원에 대하여 소제기증명을 제출하면 그 금원에 대하여는 지급을 보류하고 공탁을 하게 된다.

이의제기 채권자가 그 증명 없이 위 기간을 도과하면 이의에 불구하고 배당금을 지급하게 된다. 배당표에 대한 이의는 배당의 순위나 배당금액, 배당 절차 등에 대하여 다른 의견이 있다는 것을 진술하는 것을 배당표에 대한 이의라고 한다. 배당표에 대한 이의는 배당기일에 구두로서 진술해야 한다.

18. 변경

경매를 적법하게 진행시킬 수 없는 상황일 때 경매법원이 경매기일을 변경하는 것으로 이때는 최저입찰가격의 변동이 없다.

19. 상계

채권자가 동시에 매수인인 경우에 있을 수 있는, 매각대금의 특별한 지급 방법이다. 현금을 납부하지 않고, 채권자가 배당받을 채권액만큼 납부해야 할 잔금에서 제외하고 나머지를 납부하는 방식이다.

채권자는 매각대금을 상계 방식으로 지급받고 싶으면, 매각결정기일이 끝날 때까지 법원에 위와 같은 상계를 하겠음을 신고해야 하며, 배당기일에 매각대금에서 배당받아야 할 금액을 제외한 금액만을 납부하게 된다. 그러나 그 매수인(채권자)이 배당받을 금액에 대하여 다른 이해관계인으로부터 이의가 제기된 때에는 매수인은 배당기일이 끝날 때까지 이에 해당하는 대금을 납부해야 한다.

20. 소유권이전등기 촉탁

매수인이 대금을 완납하면 낙찰 부동산의 소유권을 취득하므로, 집행법원은 매수인이 등기비용을 부담하고 등기 촉탁 신청을 하면 집행법원은 매수인을 위하여 소유권이전등기, 매수인이 인수하지 아니하는 각종 등기의 말소를 등기 공무원에게 촉탁하는 절차이다.

21. 압류

압류라는 용어는 보통 두 가지로 쓰인다. 하나는 세무관청에서 체납자의 부동산에 압류등기를 하는 경우이고, 또 하나는 경매개시결정으로 인해서 부동산에 경매신청등기가 기입되는 경우이다. 즉 경매신청등기가 기입되면서 압류의 효력이 발생하게 되는데, 압류의 효력으로는 상대적 처분금지의 효력과 경매신청 시에 소급한 소멸시효 중단의 효력이 있다.

22. 우선매수권

공유물지분의 경매에 있어서 채무자 아닌 다른 공유자는 매각기일 해당 사건의 경매가 마감되었다는 집행관의 선언까지, 최저매각가격의 10분의 1에 해당하는 금원을 보증으로 제공하고 최고매수신고가격과 같은 가격으로 채무자의 지분을 우선매수하겠다는 신고를 할 수 있다. 이러한 다른 공유자의 권리를 우선매수권이라고 한다.

　이 경우에 법원은 다른 사람의 최고가매수신고가 있더라도 우선매수를 신고한 공유자에게 매각을 허가해야 한다. 이때 최고가매수신고인은 원할 경우 차순위매수신고인의 지위를 부여받을 수 있다.

　공유물 분할을 위한 형식적 경매에서는 공유자우선매수권을 행사할 수 없다.

23. 유찰

매각기일에 매수하고자 하는 사람이 없어 매각되지 아니하고 무효가 된 경우를 가리킨다. 통상 최저매각금액을 20~30% 저감한 가격으로, 다음 매각기일에 다시 매각을 실시하게 된다.

24. 이해관계인

경매 절차에 이해관계를 가진 자 중 법이 특히 보호할 필요가 있는 것으로 보아 이해관계인으로 법에 규정한 자를 말하며, 그들에 대하여는 경매 절차 전반에 관여할 권리가 정해져 있다.

1) 경매신청자
2) 배당요구자
3) 채무자 및 경매대상 부동산의 소유자
4) 부동산 등기부에 기입된 부동산 위의 권리자
5) 부동산 위의 권리자로서 그 권리를 증명한 자

> **예** 대항요건을 갖춘 주택임차인, 경매신청등기 후의 목적 부동산의 소유권을 취득한 자나 용익담보물권의 설정등기를 한 자, 건물등기 있는 토지임차인 등

25. 잉여주의

부동산 경매에 있어서 집행법원은 법원이 정한 최저매각가격으로 압류채권자의 채권에 우선하는 부동산상의 모든 부담과 절차비용을 변제하면 남을 것이 없다고 인정한 때에는 압류채권자에게 이를 통지해야 한다. 압류채권자가 이 통지를 받은 날부터 1주 이내에 위 부담과

비용을 변제하고 남을 만한 가격을 정하여 그 가격에 맞는 매수신고가 없을 때에는 자기가 그 가격으로 매수하겠다고 신청하면서, 충분한 보증을 제공하지 아니하면 법원은 경매 절차를 취소해야 한다.

26. 재경매
매수신고인이 생겨서 매각허가결정의 확정 후 집행법원이 지정한 대금지급기일에 매수인이 낙찰대금 지급의무를 완전히 이행하지 아니하고 차순위매수신고인이 없는 경우에 법원이 직권으로 실시하는 경매이다.
 이 경우 특별매각조건으로 입찰보증금은 20~30%로 한다.

27. 정지
채권자 또는 이해관계인의 신청에 의하여 법원이 경매진행 절차를 정지시키는 것으로서, 이때 법원에 일정한 금액을 공탁해야 한다.

28. 즉시항고
일정한 불변기간 내에 제기해야 하는 항고를 말한다. 즉 재판의 성질상 신속히 확정시킬 필요가 있는 결정에 대하여 인정되는 상소이다. 이는 특히 제기기간을 정하지 않고 원결정의 취소를 구하는 실익이 있는 한 어느 때도 제기할 수 있는 보통항고와는 다르다.

29. 집행권원
일정한 사법상의 급여청구권의 존재 및 범위를 표시함과 동시에 법률이 강제집행에 의하여 그 청구권을 실현할 수 있는 집행력을 인정한 공정의 증서이다. 채무명의는 강제집행의 불가결한 기초이며, 채무명의로 되는 증서는 민사소송법 기타 법률에 규정되어 있다. 강제집행할 수 있음을 인정하는 공적인 문서로서, 강제집행의 불가결한 기초이며 채무명의로 되는 증서는 민사소송법 기타 법률에 규정되어 있다. 이에는 확정된 종국판결, 화해조서, 인락조서, 조정조서, 확정된 지급명령, 강제집행을 승낙한 공정증서, 유죄선고와 동시에 하는 배상명령, 벌금에 대한 검사의 명령들이 있으나, 가장 대표적인 것은 채무이행을 명하는 확정된 종국판결이다.

30. 차순위매수신고인

최고가매수신고인 이외의 입찰자 중 최고가매수신고액에서 보증금을 공제한 액수보다 높은 가격으로 응찰한 사람은 차순위매수신고를 할 수 있다.

차순위매수신고를 하게 되면 매수인은 매각대금을 납부하기 전까지는 보증금을 반환받지 못한다. 그 대신 최고가매수신고인에 국한된 사유로 그에 대한 매각이 불허되거나 매각이 허가되더라도 그가 매각대금 지급의무를 이행하지 아니할 경우 다시 매각을 실시하지 않고 집행법원으로부터 매각허부의 결정을 받을 수 있는 지위에 있는 자이다.

31. 최고(催告)

타인에게 일정한 행위를 할 것을 요구하는 통지를 말한다. 이는 상대방 있는 일방적 의사표시이고, 최고가 규정되어 있는 경우에는 법률규정에 따라 직접적으로 일정한 법률효과가 발생한다. 최고에는 두 종류가 있다. 하나는 의무자에게 의무의 이행을 구하는 경우이고, 다른 하나는 권리자에 대한 권리의 행사 또는 신고를 요구하는 경우이다.

  법원은 경매개시결정 후 조세 기타 공과를 주관하는 공무소에 대하여 목적부동산에 관한 채권의 유무와 한도를 일정한 기간 내에 통지할 것을 최고하는데 이는 우선채권인 조세채권의 유무, 금액을 통지받아 잉여의 가망이 있는지 여부를 확인함과 동시에 주관 공무소로 하여금 조세 등에 대한 교부청구의 기회를 주는 것이다.

32. 최저매각가격

경매기일의 공고에는 경매부동산의 최저매각가격을 기재해야 한다. 최초 경매기일의 최저매각가격은 감정인이 평가한 가격이 기준이 되며 경매기일에 있어서 경매신청인이 없어 새 매각기일을 지정한 때에는 상당히 저감(20~30%)한 가격이 최저매각가격이 된다. 응찰하고자 할 때에는 항상 공고된 최저매각가격보다 같거나 높게 응찰해야 무효처리가 되지 않는다.

33. 취하

취하 경매부동산에 대하여 경매신청 후 경매기일에서 적법한 매수의 신고가 있기까지의 사이에 있어서는 경매신청인은 임의로 경매신청을 취하할 수 있으나, 매수의 신고가 있은 뒤에 강제경매신청을 취하함에는 최고가매수신고인과 차순위매수신고인의 동의를 필요로 한다. 임의경매신청은 최고가매수신고인의 동의 없이 취하할 수 있다.

34. 항고보증금

매각허가결정에 대하여 항고를 하고자 하는 모든 사람은 보증으로 매각대금의 10분의 1에 해당하는 금전 또는 법원이 인정한 유가증권을 공탁해야 한다. 이것이 항고보증금인데, 이를 제공하지 아니한 때에는 원심법원이 항고장을 각하하게 된다.

채무자나 소유자가 한 항고가 기각된 때에는 보증으로 제공한 금전이나 유가증권을 전액 몰수하여 배당할 금액에 포함하여 배당하게 되며, 그 이외의 사람이 제기한 항고가 기각된 때에는, 보증으로 제공된 금원의 범위 내에서, 항고를 한 날부터 항고기각결정이 확정된 날까지의 기간 동안의, 매각대금에 대한 연 20%에 해당하는 금액에 대하여는 돌려받을 수 없다.

section 2

부동산 관련 유용한 사이트

- **대법원** www.scourt.go.kr

  등기부등본 열람 및 발급서비스, 경매정보에 관한 모든 정보 열람

- **대법원 법원경매정보** www.courtauction.go.kr
- **대법원 판례검색** www.lawqna.com
- **나홀로 등기** www.deungki.com
- **대한민국 전자정보** www.egov.go.kr

토지·임야대장, 지적·임야도, 건축물대장, 토지이용계획확인원 등 열람

- **법제처** www.moleg.go.kr

    부동산 관련 법규 실시간 확인

- **국토교통부** www.molit.go.kr

    부동산에 대한 정부정책의 흐름 파악

- **국세청** www.nts.go.kr

    양도소득세 등 부동산 관련 세금에 관한 모든 정보

- **한국감정원** www.kab.co.kr

- **한국도로공사** www.freeway.co.kr

    기본적인 도로 정보와 신설 및 확장 사업구간에 대한 정보

- **한국토지신탁** www.koreit.co.kr

    택지개발지구에 대한 토지 매각 및 입찰 공고에 대한 정보, 상업지역, 주거지역 등 유망한 토지 입찰 정도

- **한국자산관리공사** www.kamco.or.kr

- **토지주택공사** www.jugong.co.kr

    아파트 분양 및 임대 정보, 상가용지 분양 및 임대 정보 및 입찰

- **대한건설협회** www.cak.or.kr

- **온비드(한국자산관리공사)** www.onbid.co.kr

    토지·건물·상가·아파트 공매, 자동차·시설 등 공매정보 제공

- **미래철도 데이터베이스** www.frdb.wo.to

    신설 예정 철도, 지하철, 경전철 노선정보 전문 사이트

- **농지114** www.nongji114.com

    농지의 구입과 관리에 도움이 된다.

- **온나라 부동산정보 통합포털** www.onnara.go.kr

- 서울특별시 부동산정보광장 land.seoul.go.kr
- 경기도 한국토지정보시스템 klis.gg.go.kr
- 경기도 부동산포털 gris.gg.go.kr
- 서울특별시 한국토지정보시스템 klis.seoul.go.kr
- 정부민원포털 민원24 http://www.minwon.go.kr
- 산지정보시스템 www.forest-land.go.kr
- 한국부동산경매정보 www.auction119.co.kr

section 3

풍수(風水)

1. 아파트 풍수

1) 아파트 단지가 산을 의지하거나 뒤편으로 건물이 받쳐주는 곳을 선택

먼저 아파트 단지가 산을 의지하고 있거나 뒤편으로 건물이 받쳐주는 곳을 선택해야 한다.

산을 가까이하는 입지는 산에서 분출되는 피톤치드 등 좋은 지기를 받을 수 있고, 뒤편의 건물이 있는 입지는 바람으로부터 기를 보호받을 수 있다.

2) 단지 가까이에 물이 흐르는 곳이 좋다.

입지 공간 가까이에 물을 끼고 있는지 지당(인공호수나 연못)을 조성한 곳인지를 살펴야 한다. 도심공간에서 아파트 단지 가까이에 물이 흐르고 있다는 것은 친환경 생태 공간의 조건을 갖춘 곳을 의미한다.

3) 건물과 물의 좌향이 중요하다.

좌향이란 집터가 자리잡은 방위다. 예전부터 남향은 3대가 적선을 베풀어야 얻을 수 있는 터라고 했다. 물이 흘러들어오는 방향을 향해 입지를 이룬 곳을 찾아야 한다. 이를 수관재물, 즉 득수 형태라 하여 재물이 쌓이는 곳으로 본다.

4) 안산을 향한 입지가 중요하다.

안산이란 풍수지리학적으로 가택이나 묘택의 혈 앞에 있는 낮은 산을 말한다. 앞쪽으로 산을 바라볼 수 있는 곳은 맑은 기를 항상 마주할 수 있는 공간이다.

안산이 없는 경우에는 전면의 낮은 건물도 안산 역할을 한다. 이때 눈높이보다 낮은 각도에서 조망할 수 있는 건물이면 좋다.

5) 건물 터의 땅 모양과 건물 형태, 마당 공간도 살펴야 한다.

상업지역의 아파트는 대부분 마당 쪽이 큰 도로와 접해 있는데 이런 땅은 지기가 흔들리는 곳이다. 반드시 마당의 간격이 넓은지를 살펴야 한다.

2. 길(吉)한 전원택지

1) 배산임수(背山臨水) : 산을 등지고 앞에는 물이 있는 형세.
2) 전저후고(前低後高) : 택지 앞은 낮고 뒤가 높은 지형.

3) 장풍국지(藏風局地) : 멀리 주위 산세가 바람을 막아주고 햇볕이 잘 들고 통풍 배수가 잘되고 토질이 좋고 택지 주위에 우물[감천(甘泉)]이 있음. 길지(吉地).

4) 음양상배(陰陽相配) : 산과 물이 유정하게 택지(명당)를 감싸주고 모이면 보국이 안정되어 길하다.

5) 득수위상 장풍차지(得水爲上 藏風次地) : 장서에 바람을 막을 물을 얻는 것이 우선이며, 택지 앞을 금성환포(金城環抱) 감싸안고 천천히 흐르는 강이 있으면 아름다운 길수이다.

6) 남향대지(南向大地) : 옛 한옥 기준일 때는 중요했지만 집의 다양한 구조로 인하여 (보온 및 채광) 크게 개의치 않아도 됨.

7) 집의 방향(方向) : 배산임수의 틀 속에서 남향을 선호하는데 가려야 할 것이 있다. 집 앞에 높은 산은 나를 고압하므로 피해야 하며, 집 안에 지붕보다 너무 높거나 큰 고목 및 너무 크고 많은 과실수 등은 집을 압하고 지기(地氣)를 빼앗으므로 고려해야 하고, 너무 많은 정원석을 집 안에 두면 기온에도 안 좋은 영향을 주므로 최소해야 하며, 특히 집 안에 길쭉한 돌을 탑처럼 세워놓으면 망주석으로 집 안에 곡소리가 난다 하여 금기시한다.

3. 흉(凶)한 택지

1) 매립지 : 늪지·호수·골짜기 등의 보토 매립한 땅이나 자갈·모래가 많고 비만 오면 질퍽거리는 점토(황토)는 지기가 없는 흉지.

2) 큰 대로 주변의 도로보다 낮은 땅과 큰 저수지 둑방 아래나 절벽이나 낭떠러지 주위는 가패인상(家敗人傷)의 흉지.

3) 경도사비(傾倒斜飛) : 땅이 기울고 경사가 급한 땅.

4) 철탑 주위, 고압선, 너무 큰 나무 아래는 흉지.
5) 산고곡심(山高谷深)한 좁고 깊은 큰 골짜기는 살풍이 쳐서 흉지다.
6) 집터에 큰 수맥이 교차(십자맥)하는 곳.

4. 풍수에 좋은 실내 인테리어

1) 금전 운은 현관을 통해 들어온다.

(1) 현관에 들어서자마자 정면에 거울이 보이는 것은 피해야 한다. 집안에 서려 있는 재운을 거울이 반사시키기 때문이다.

(2) 현관에 우산이나 운동기구 등 잡동사니를 두어 길을 막지 말아야 한다.

(3) 집 안으로 밝은 기가 들어올 수 있도록 조명을 밝게 해주고 꽃이나 화분을 놓아두는 것이 좋다.

(4) 현관문과 방문이 일직선상에 있으면 해롭다.
현관문은 사람만이 드나드는 곳이 아니고 기도 같이 드나든다. 현관과 방문을 서로 마주 보면 외부의 흉기가 직접 방 안으로 들어와 사람을 해칠 수 있다. 요즘 아파트 대부분은 현관과 방문을 차단하는 벽을 두고 있다. 집 안을 설계할 때도 이런 기본적인 풍수는 지키는 것이 좋다. 만약 일직선에 있다면 문설주에 차양막이나 발을 치는 것도 좋다.

(5) 거울은 기를 반사시키거나 왜곡 굴절시킨다.
현관에 거울을 놓아서 나가는 사람의 옷매무새를 보도록 배려한 집이 있는데 이는 양기를 반사시키는 역할을 한다. 거울 앞쪽에 작은 화분을 두어 왜곡과 굴절을 다소 차단할 수 있다.

(6) 발코니를 개조할 때는 천장 높이를 맞춰야 한다.

거실과 발코니의 천장 높이가 다르면 기가 왜곡될 수 있다. 확장을 할 때 천장의 높이를 맞추도록 인테리어하는 것이 좋다.
(7) 노출된 콘크리트 구조물은 천장을 설치하여 고르게 면을 맞춰 주는 것이 좋다.

2) 소파는 현관과 대각선에 위치하는 것이 이상적

소파는 현관과 대각선에 위치하는 것이 이상적이며 소파 옆에 스탠드를 세워두면 가족과 불화를 예방할 수 있다.

집 안은 움직이지 않으므로 음이고, TV 등의 가전제품은 기를 증폭시키는 양이다. 음양의 조화가 깨져 사소한 말다툼이 큰 싸움으로 번질 수도 있다.

골동품이나 고가구들은 그 기가 음습하고 탁해 가족의 건강을 해칠 수 있으므로 밝은 장소에 두는 것이 좋다.

3) 침대의 위치에 대한 풍수지리적인 해석

침대의 위치는 잠자리가 편하면 되므로 개인별로 차이가 있을 수 있다. 일단 일주일씩을 돌아가면서 잠을 잔 뒤 아침에 일어나 평가를 하고 잠자리가 편했던 자리를 고려해 머리 방향을 정하는 것이 좋다.

4) 노란색, 둥근 물건이 돈을 부른다.

노란색은 황금과 벼를 상징하므로 금전 운을 부른다. 가정의 경제 사정이 안 좋아졌다면 창이 난 서쪽을 노란색 물건으로 장식하는 것이 좋다. 창문 옆에 둥근 시계를 걸어 두는 것도 좋다.

5) 현관이나 어두운 계단은 조명등 설치

현관이나 어두운 계단에는 조명등을 설치하여 음기를 양기로 바꾸면 좋다.

6) 북쪽은 오행으로 수(水)의 기운이 왕성한 곳이다.

인간이나 동식물 등이 활동을 중단하고 다음을 위하여 힘을 축적하는 시간이고, 방위로는 앞날을 준비하는 공부방이나 연구실로 적합하다.

7) 동북쪽은 오행으로 토(土)의 기운이 왕성한 곳이다.

시간으로는 새벽 1시에서 5시 사이로 어둠이 끝나고 양의 기운이 싹트는 변환기이므로 불안정하다. 벤처사업가나 부동산업자, 혁명가에게 유리한 방위이다. 이 방위와 남서쪽을 귀문방으로 부른다. 화장실, 부엌, 쓰레기장을 두면 나쁜 기가 온 집 안에 퍼져 해로우므로 항상 청결을 유지해야 한다.

8) 동쪽을 향한 건물에 오래 거주하면 좋다.

동쪽은 오행으로 목의 기운이 왕성한 방위로 봄을 의미하고, 시간상으로는 새벽 5시에서 7시까지로 대기 중에 산소가 가장 많은 때이다. 동쪽을 향한 건물에 오래 거주하면 번영, 발전한다.

9) 남동쪽 기는 한옥에서 선호하는 방향

남동쪽의 기는 오행으로 목(음)의 기운이고, 하루 중 오전 7~11시이고, 계절로는 늦봄에서 초여름이어서 산소 함유량도 많고 일년 중 가장 신선하여 한옥에서 선호하는 방위이다.

10) 남쪽은 오행으로는 화(火)의 기운이 가장 왕성

남쪽은 오행으로는 화의 기운이 가장 왕성한 방위이고, 시간상으로는 오전 11시~오후 1시이다. 불은 완성을 나타내므로 명예, 인기 등에 관련된 사람들에게 최적의 방위이다.

11) 남서쪽은 오후 3시 전후로 한옥에서 가장 꺼리는 방위

남서쪽은 오후 3시 전후로 하루 중 가장 뜨거운 시각이고 산소가 가장 희박한 때여서 전통 한옥에서 가장 꺼리는 방위이다.
오행으로 토(土)의 기운이다. 음식이 부패하기 쉬운 방위이다.

12) 서쪽은 오행으로는 금(金)의 기운이 왕성

서쪽은 오행으로는 금의 기운이고, 시간상으로는 오후 5~7시, 계절로는 가을이다. 상대적으로 질소가 많아져 단풍이 들고 인간의 경우 세포에 노화현상이 일어난다. 지는 해를 바라보면 옛 생각이 나고 고향 생각이나 사색에 잠기기 쉽다.

동쪽에 떠오른 생각과는 전혀 다르다.

서쪽은 결실의 계절이어서 수확, 금전 거래, 사교 등의 직업에 좋은 방위이다.

13) 서북쪽은 오행으로 금(金)의 기운이 왕성

서북쪽은 오행으로 금의 기운이 왕성하고 오후 7~11시이고, 늦가을에서 초겨울이다.

14) 기가 출입하는 공간인 대문의 위치

우리가 눈여겨볼 것은 대문(현관)의 위치다. 대문은 주택을 외부와 경계짓는 역할을 하며, 풍수적으로 집 내부로 기(공기)가 출입하는 공간이다.

따라서 집을 지을 때 가장 중요한 요소로 간주된다. 대문이 크고 집이 작으면 가난해지고, 대문이 작고 집이 크면 부자가 된다고 하였다. 그러므로 대문의 크기는 집 전체의 미관과 기의 흐름에 맞춰 크기를 결정해야 한다.

대문의 색깔도 중요하다. 대문에 봄이면 '입춘대길(立春大吉)' '용·호(龍·虎)' 등의 글자를 써 붙이는 것은 대문이 길흉화복을 부르는 장소로서 우리 삶에 중요한 요소를 내포한 것으로 보았기 때문이다.

즉 대문은 태극의 의미를 가지며 기의 출입구이자, 기가 생성되는 근원으로 우주론적 의미와 흉액(凶厄)을 막는 운명론적 의미를 함께 가지므로 색깔에도 세심한 배려를 기울였다. 대문의 위치를 정할 때 고려할 사항을 간단하게 살펴보면, 대문과 현관은 일직선상에 두지 않는다.

또한 도로는 물길이므로 집을 중심으로 좌우의 도로에서 불어오는 바람이 대문에 직접 닿지 말아야 한다. 즉 도로의 바람이 스쳐 지나가는 지점에 대문을 세운다.

도로의 경사를 고려해 차의 진입과 주차에 편리한 지점에 대문의 위치를 정한다. 경사진 곳은 겨울에 도로가 얼어붙으니, 사고 위험이 높다. 마구간의 앞이 넓으면 길하다고 했으니, 현대식으로 풀이하자면 주차 공간이 되도록 넓은 곳을 택한다.

또한 대문과 현관의 높이가 같아야 길하다.

5. 건물 풍수

1) 도심에 건물을 지을 때

현대의 빌딩은 도로에서 접근이 편리한 터가 선호되고, 지표면의 흙을 걷어내고 땅을 깊이 판 다음 지하 주차장, 지하 상가, 공조실 등을 둔다. 이럴 경우 지기의 보전을 위해 땅속에 석 자 정도로 생토를 고르게 깐 다음 그 위에 콘크리트 타설을 하고 골조를 세운다. 이것은 상처 입은 땅을 치료해 지덕을 발동시키는 풍수의 비책이다.

2) 점포 및 상가의 입지

풍수는 도로를 물길로 본다. 따라서 점포 상가는 고가도로 아래나 육교 아래의 터는 흉하다. 도로보다 낮은 곳에 위치한 곳은 흥하기가 힘들다. 지하에 점포가 있는 경우를 보면 대부분 종업원들이 난폭해진다. 이는 상가의 운을 빼앗기기 때문이다.

3) 삼각형의 집터는 화재나 분쟁이 생겨 흉하다.

삼각형의 모양은 사람도 뾰족하게 만들어 적을 만들고 서로 분쟁의 소지를 만든다.

4) 점포 상가의 주 출입문이 작고 안이 커야 재물이 모인다.

"대문이 좁고 집이 넓으면 부자가 되고, 대문이 넓고 집이 작으면 가난해진다"는 풍수 격언이 있다. 점포 상가의 주 출입문이 작고 안이 커야 재물이 모인다.

부록

2018년 부동산 경매 관련 개정 세법

1. 2018년 1월부터 양도소득세 세율 변동이 있다. 조정대상 지역 내 분양권 전매 때 양도소득세가 강화되어, 보유 기간에 상관없이 세율이 일률적으로 50%가 적용된다.

조정대상 지역

1. 서울특별시	전 지역
2. 부산광역시	해운대구·연제구·동래구·남구·부산진구 및 수영구, 기장군
3. 경기도	과천시·광명시·성남시·고양시·남양주시·하남시 및 화성시(반송동·석우동, 동난면 금곡리·목리·방교리·산척리·송리·신리·영천리·오산리·장지리·중리·청계리 일원에 지정된 택지개발지구로 한정한다.)
4. 기타	「신행정수도 후속대책을 위한 연기·공주 지역 행정 중심 복합도시 건설을 위한 특별법」 제2조 제2호에 따른 예정지역

2. 상속세는 사망한 지 6개월, 증여세는 소유권을 넘겨준 지 3개월 이내에 신고하면 7% 할인을 받을 수 있었으나 2018년은 5%, 2019년부터는 3%로 할인율이 축소되었다.

3. 양도소득세 중과 : 2018년 4월 1일 이후부터 다주택자가 조정대상 지역 내 주택을 양도하는 경우 2주택자 10%, 3주택 이상 20% 양도소득세율이 중과된다.

조정대상지역이라 하더라도 수도권은 기준시가 6억원 이하, 지방은 3억원 이하는 중과대상에서 제외된다.

4. 장기보유특별공제 배제 : 2주택 이상 다주택자는 조정대상지역 내 주택 양도시 장기보유특별공제가 배제된다.

장기보유특별공제 개정(2019년 1월 1일부터 적용)

보유기간	공제율
3년 이상 4년 미만	100분의 6
4년 이상 4년 미만	100분의 8
5년 이상 4년 미만	100분의 10
6년 이상 4년 미만	100분의 12
7년 이상 4년 미만	100분의 14
8년 이상 4년 미만	100분의 16
9년 이상 4년 미만	100분의 18
10년 이상 4년 미만	100분의 20
11년 이상 4년 미만	100분의 22
12년 이상 4년 미만	100분의 24
13년 이상 4년 미만	100분의 26
14년 이상 4년 미만	100분의 28
15년 이상 4년 미만	100분의 30

부동산 경매와 절세전략

지은이 | 이동현
펴낸이 | 황인원
펴낸곳 | 다차원북스

신고번호 | 제2017-000220호

초판 1쇄 인쇄 | 2018년 02월 12일
초판 1쇄 발행 | 2018년 02월 19일

우편번호 | 04083
주소 | 서울특별시 마포구 성지5길 19, 104호(합정동, 성우빌딩)
전화번호 | (02) 333-0471(代)
팩시밀리 | (02) 334-0471
E-mail | dachawon@daum.net

용지 | 엔페이퍼(031-948-2652)
인쇄 | (주)신화프린팅코아퍼레이션(031-905-2727)
제책 | 천일제책사(031-905-8181)
표지후가공 | 이레금박(031-903-2367)

ISBN 978-89-97659-86-9 (13320)

값 · 16,000원

ⓒ 이동현, 2018, Printed in Korea

※잘못된 책은 구입하신 곳에서 교환해드립니다.

이 도서의 국립중앙도서관 출판예정도서목록(CIP)은
서지정보유통지원시스템 홈페이지(seoji.nl.go.kr)와
국가자료공동목록시스템(http://www.nl.go.kr/kolisnet)에서
이용하실 수 있습니다.
(CIP 제어번호: CIP2018003527)